Abschiedsbriefe

# Abschiedsbriefe

Herausgegeben
und mit einem Essay
von
Katja Behrens

claassen

CIP-Kurztitelaufnahme der Deutschen Bibliothek

*Abschiedsbriefe*
Herausgegeben und mit einem Essay
von Katja Behrens.
Düsseldorf: claassen, 1987.
ISBN 3-546-41292-3
NE: Behrens, Katja [Hrsg.]


Gesetzt aus der Times der Fa. Berthold
Satz: Dörlemann-Satz, Lemförde
Papier: Papierfabrik Schleipen GmbH, Bad Dürkheim
Druck und Bindearbeiten: Bercker, Kevelaer
Printed in Germany
ISBN 3-546-41292-3

## ... MUSST ES EBEN LEIDEN

Nur das Paradies ist ohne Anfang und ohne Ende, ohne Zeit, die kommt, und Zeit, die geht, ohne Vorher und Nachher. Kein Gestern, kein Morgen, ein ewiges Heute, in dem nichts geschieht. Es wird nicht geboren und nicht gestorben, nicht gehaßt und nicht geliebt. Es gibt keine Begegnungen und keine Abschiede. Und keinen Hunger. Die Wölfe wohnen bei den Lämmern. Die Wölfe sind satt. Ewig satt. Nirgends im Paradies liegt Wolfsscheiße herum. Die Wölfe haben nichts zu verdauen, die Lämmer nichts zu befürchten. Der Wolf, der nicht frißt, das Lamm, das nicht gefressen wird, sie unterscheiden sich nicht, sie sind eins, so wie Adam und Eva sich nicht unterscheiden, namenlos sind, nicht Mann und Frau, kein Leid und keine Freude kennen, keine Fragen haben und keine Antworten suchen. Alles ist eins.

Erst mit der Vertreibung beginnt das Leben, die Zeit, die Unterscheidung von Gestern und Morgen, Mann und Frau, Wolf und Lamm. Am Anfang war die Trennung, ein Abschied. Es ist nicht überliefert, ob Adam und Eva weinten. Oder schrien. Oder sich sträubten. Wir wissen nur, daß sie den Garten Eden nicht auf eigenen Wunsch, nicht freiwillig verließen. Genausowenig, wie das Kind den Mutterleib freiwillig verläßt. Es wird nicht gefragt. Seine Zeit ist gekom-

men. Es wird ausgetrieben. In Hell und Dunkel, Kalt und Warm, Hungrig und Satt. Ob es will oder nicht. Ob es brüllt oder nicht. Aus morgen wird heute, aus heute gestern. So lange, bis wieder seine Zeit gekommen ist. Ob es will oder nicht. Ob es brüllt oder nicht. Muß ihn eben leiden, den letzten Abschied wie den ersten und die dazwischen, die großen Abschiede wie die kleinen, die plötzlichen wie die allmählichen oder hinausgezögerten, so lange hinausgezögerten, bis es irgendwann doch soweit ist.
Irgendwann kommen zwei am Bahnhof an. Sitzen die Zeit bis zur Abfahrt bei McDonald's ab. Auf festgeschraubten Stühlen. Jeder mit seinem Plastikbecher. Und auf dem Weg zum Bahnsteig dann der Elefant, rosarot, und weiß sich nicht zu lassen vor Freude. Die letzte Umarmung. Die lebendige Wärme dieses vertrauten Leibes. Wissen, daß es das letzte Mal ist, und es doch nicht glauben können. Der eine nimmt sein Gepäck und steigt ein, der andere geht langsam an den Waggons entlang. Drinnen die vertraute Gestalt, die auf dem Gang auftaucht, verschwindet und wieder auftaucht. Inmitten der Menge dieser eine Mensch. Er hat einen Platz gefunden, er stellt sein Gepäck ab und schiebt das Fenster hinunter. Der draußen tritt heran und blickt hoch. Ringsum Hetzerei, Türenknallen und Stimmengewirr, und doch stehen die beiden wie allein und sehen sich an. Schon ein wenig fremd, schon ein wenig abwesend. Wissen nichts zu sagen. Versuchen ein Lächeln. Die Umarmung ist lange her. Sie hören Lautsprecheransagen und Züge, die ankommen oder abfahren. Sie wünschen, es wäre endlich vorbei. Sie hören den Pfiff und können nicht glauben, daß sie gleich, jetzt gleich nicht mehr beieinander sein werden, nicht mehr die Hand ausstrecken können, um diese eine, einmalige Hand am Zugfenster zu berühren.

Jeder kennt das. Solche Augenblicke, wenn draußen Lärm und drinnen Stille ist. Sie hören das *Bitte zurückbleiben* der Lautsprecherstimme. Es geht sie nichts an. Jetzt sind sie nicht mehr ungeduldig. Möchten reden, alles sagen, den Zug anhalten, alles rückgängig machen. Noch einmal von vorne anfangen. Aber der Zug ist schon angefahren. Der Zurückbleibende tritt zurück und hebt mechanisch die Hand, während die Waggons immer schneller an ihm vorbeirattern und der am Fenster kleiner wird, kleiner und weiter weg und noch weiter, bis er nicht mehr zu unterscheiden ist von den anderen an den anderen Fenstern.

Jeder kennt das und will nach so einem Abschied erst mal nichts mehr wissen von Bahnhöfen. Obwohl Bahnhöfe ja auch zum Ankommen da sind. Wenn in der Menge eine besondere Mütze sichtbar wird, eine vertraute Gestalt auftaucht. Wenn der lang erwartete Augenblick endlich da ist, wenn nur noch ein paar trennende Meter zu bewältigen sind. Das Lächeln beim Aufeinanderzugehen ist zuweilen etwas verklemmt. Außer im Film. Da ist es so, wie man sich vorstellt, daß es sein müßte. Und der Abschied ist auch so, wie man ihn gern hätte. Augen voller Tränen, aber keine rote Nase. Und nichts von der Viecherei, die dann kommt. Jedenfalls für den Zurückgebliebenen, den Verlassenen, der nicht auf eigenen Wunsch, nicht freiwillig Abschied genommen hat. Erst mal verläßt er den Bahnhof als unvollständiger Mensch. Noch eine Stimme im Ohr, die er nie mehr hören wird. Eine Gestalt vor Augen, die er nie mehr berühren wird. Dann kommt er in die leere Wohnung. Ein Schal, in dem noch der vertraute Geruch hängt. Ein leerer Stuhl. Noch ist es so, als müsse der, der darauf saß, jeden Augenblick zurückkommen und seinen Platz einnehmen.

An diese Zeit zwischen Noch und Nicht-mehr wird es später keine Erinnerung mehr geben. Ein Tag wie der andere. Widerstrebend aufwachen. Nicht aufstehen wollen. Lieber liegenbleiben. Doch alles gleich. Weiterschlafen. Nichts mehr wissen, niemanden sehen wollen. Nichts mehr hören. Nicht mehr diese Leere fühlen. Widerstrebend aufstehen. Unbeteiligt zuschauen, wie der Tag verrinnt, und sich schon am Abend an nichts mehr erinnern können. Ab und zu ein Einbruch, der plötzliche Schmerz beim Anblick eines Handschuhs. Der Handschuh gehört zu der Hand, die weg ist. Der Handschuh macht, daß der andere wieder da ist und fehlt. Von neuem die Fassungslosigkeit, die Verlassenheit. Ins Leere starren. Den Gedanken freien Lauf lassen, freien Lauf im Kreis. Und wieder und wieder zum Bahnhof. Der rückwärts einfahrende Zug, der immer größer wird und näher kommt und noch näher. Und genau in dem Augenblick, in dem der andere von den anderen an den anderen Fenstern zu unterscheiden ist, bleibt der Zug mit einem Ruck stehen und fährt dann wieder Volldampf voraus.
Die Trennung ist nicht rückgängig zu machen. Jeder weiß das. Und jeder weiß, daß Heulen und Zähneklappern nichts hilft, Vernünftigsein auch nicht, nicht das Zähnezusammenbeißen und erst recht nicht die Verwandlung in einen Stein, auch kein fröhliches Sprücheklopfen, da kann man nichts machen, c'est la vie. Der Abschiedsschmerz will durchlitten sein, die Trauer ist nicht zu vermeiden. Jeder weiß das, weiß, daß er sich am Ende in das Unvermeidliche wird fügen, den Schmerz wird ertragen müssen.

Das war immer so, auch zu Zeiten, als das Ganze noch Gottes Wille war. Immerhin wußte man damals, *wem* man sich zu fügen hatte. Und doch wird damals wie heute in jedem Hinterkopf die eingestandene oder uneingestandene Hoffnung auf eine Ausnahme gelebt haben. Die große Ausnahme. Jedes Hinterstübchen ein Widerstandsnest. Nicht mit mir. Ich lasse mir das nicht gefallen. Ich nicht. Will es nicht erleiden. In jedem Hinterstübchen eine Fülle von Einfällen und Strategien. Sofort Ersatz schaffen, den leeren Platz besetzen. Oder Ablenkung, Zerstreuung, sich ins Getümmel stürzen, bloß nicht denken, nicht fühlen. Oder Einbunkern, alles dichtmachen, nichts mehr reinlassen, nichts mehr rauslassen. Guten Tag und Aufwiedersehen, hat mich sehr gefreut. Lächeln aufsetzen, Lächeln absetzen. Runtergezogene Mundwinkel, trübe Augen. Oder Empörung, Auflehnung. Warum? Warum ich? Was habe ich getan? Womit habe ich das verdient? Als würde ein guter Grund das Leid erträglicher machen. Verbissen in der Vergangenheit herumirren, jeden Stein umdrehen auf der Suche nach Gründen. Was war der Anfang vom Ende? Oder einen Schuldigen finden. Der Haß macht, daß die Wohnung weniger leer ist. Mit vor Wut klopfendem Herzen aufwachen. Nicht mehr leer. Bis zum Bersten gefüllt mit dem Haß auf diesen Menschen, der da ruhig irgendwo schläft und eigentlich kein Mensch ist. Oder einen Rachefeldzug starten. Gerechtigkeit wiederherstellen. Strafen. Büßen lassen. Oder selber büßen. Die Reue über jede vergeudete Minute. Als habe man das Dasein des anderen nicht genug zu schätzen gewußt. Die Reue über jedes Versäumnis, jede Nachlässigkeit, jedes harte Wort. Zu spät. Aber wie, wenn der andere wiederkäme? Alles anders, ganz anders machen. Gute Vorsätze anhäufen. Zu spät. Und dann die Wut. Hätte nicht gehen müssen. Hätte bleiben können. Wenn er nur gewollt hätte. Würde aus dem Grab aufstehen, wenn er nur wollte. Oder wenigstens ein Zeichen geben. Nichts. Bleibt stumm. Schweigt.

Haß. Haß auf die eigenen Füße, die immer noch gehen. Und trotzdem. Trotzdem eine Erwartung. Hinter der nächsten Ecke. Eine Hoffnung, die sich fast bis zur Gewißheit steigert. Und dann die echte Enttäuschung. Und dann wieder das Suchen nach einem Gesicht in der Menge. Wieder die Erwartung beim Heimkommen. Nur ein böser Traum. Alles gar nicht wahr. Kann nicht sein. Und ist doch. Immer wieder. Immer wieder sich mühsam besinnen, wie lange es her ist. Könnte gestern gewesen sein oder vor Jahrhunderten. Nachrechnen. Die Zeit einteilen in Davor und Danach. Und irgendwann ein Augenblick des Vergessens. Die Abwesenheit des anderen nicht merken. Niemand fehlt. Alles ist gut so, wie es ist. Als hätte es den anderen nie gegeben. Oder als sei er immer da. Selbstvergessenheit. Unbeschwertheit. Und mitten in ein fröhliches Lachen hinein wie eine Ohrfeige die Erinnerung. Weg für immer. Nicht mehr da. Wird nie wiederkommen.
Oder das Vergessen. Nicht das allmähliche, nicht die verblassende Erinnerung, die zuweilen, beim Anblick einer ganz bestimmten Mütze, beim Anhören eines ganz bestimmten Musikstücks plötzlich wieder klar umrissen da ist, um dann von neuem zu verschwinden und irgendwann wieder aufzutauchen. Nicht die Erinnerung, die kommt und geht, sondern die ein für allemal begrabene. Klappe zu, Affe tot. Sich an dem Affen rächen, indem man ihn vergißt, in sich tötet, so tut, als hätte es ihn nie gegeben. Wenn es den Affen nicht gegeben hat, kann es auch keine Trennung, keinen Abschied gegeben haben, und wenn es keinen Abschied gegeben hat, braucht man dem Affen nicht hinterherzuheulen. Der ist für mich gestorben. Das heißt nicht: ich könnte ihn umbringen. Das heißt: ich habe ihn umgebracht. Und es gibt keine Leiche, keinen Prozeß und kein Urteil. Keine Strafe. Es gibt

keine Leiche, aber den Geist eines Ermordeten, der umgeht, ohne sich an die Gepflogenheiten der Gespenster zu halten, mal mittags um zwei, mal nachts um drei, selten Schlag Mitternacht, sich nie vor anderen blicken läßt, immer nur seinen Mörder heimsucht und wieder und wieder gemordet werden will, einmal hat nicht genügt. Und sein Mörder hat Grund, ihn mehr zu fürchten als jeden Lebenden. Muß sich einsperren, zusperren, alle Türen, Fenster, Ritzen zu, damit er nicht mehr herein kann.

Oder das Verklären. Nicht begraben, sondern einen Altar errichten. Weihrauch, Kerzen. Halbdämmer, damit man nicht zu deutlich sieht. Kirchen und Zirkusse vertragen das grelle Licht nicht. Es entzaubert. Und die Verzauberung ist auch so schon harte Arbeit. Muß immer wieder verteidigt werden. Der Abwesende gegen die Anwesenden. Der Tote gegen die Lebenden. Etwas starr, nach Art der Heiligenfiguren, steht er entrückt auf seinem Altar, hoch über allen, die sonst noch da sind. Und manchmal kommt er sogar ins Schweben. Er oder sie. Das Geschlecht ist schon nicht mehr wichtig. Wichtig ist nur, daß die Milch nicht anbrennen würde, wenn dieser Mensch noch da wäre. Daß der Kaffee nicht kalt und der Benzinpreis nicht steigen würde. Daß alles anders wäre. Alles gut. Und langsam greift die Verklärung eines Menschen über auf eine Zeit, die gemeinsam verbrachte, goldene Zeit.

Und dann kommt Hollywood und verklärt den Schmerz und macht ihn schön und süß. Ein Gesicht in Großaufnahme. Eine Träne, die langsam die Wange hinabrollt. Die Musik, die das Ihre dazu sagt. Das unvergeßliche Bild eines ergreifenden Abschieds. Oder, ebenso unvergeßlich, der großartige Abschied unter Männern. Ein stummer Händedruck. Die bis zuletzt bewahrte Haltung. Der eine dreht sich um und geht, ohne sich noch einmal umzublicken, über den dunklen Flugplatz auf die startbereite Maschine zu. Der andere schaut ihm mit bewegt-unbewegtem Gesicht nach und läßt langsam die Hände in den Hosentaschen verschwinden. Und wie erbaulich ist erst der theatralische Abschied. Einen Arm flehentlich ausgestreckt, liegt der sterbende Tenor auf dem Bretterboden und singt und singt, obwohl er längst tot sein müßte, singt und singt mit voll tönender, weit tragender Stimme. Is schön gewese, han heule müsse. Erfrischend wie ein Sommerregen sind auch die Tränen, die der Leser vergießt, wenn das grausame Schicksal die Liebenden trennt. Oder die Liebende dem Glück des Geliebten nicht im Wege stehen will und beiseite tritt. Man weiß, wie ihr zumute ist, hat man doch selber viel gelitten, und möchte auch so edel verzichten können. Geschichten, die das Leben selber schrieb, an jedem Kiosk zu haben, und natürlich wird am Ende doch noch alles gut. Und auch wenn nichts gut wird und das Ganze, kunstvoll gestaltet, nur in der Buchhandlung zu haben ist, findet es seine Gemeinde. Als vor zweihundert Jahren, stellvertretend für seinen Schöpfer, Werther mannhaft zugrunde ging, löste das eine Welle von Selbstmorden aus. Den einen befreite die Darstellung des letzten Abschieds so, daß er ihn nicht selber zu nehmen brauchte, die anderen fesselte sie so, daß sie den Ihren nahmen.

Die Überhöhung, die schöne Pose, die über das Elend des Abschieds hinwegtäuscht. Auch hinwegtröstet. Die den Schmerz auskostet und für süß befindet. Die ihn darstellt, damit er nicht gefühlt, durchlebt, durchlitten werden muß. Die Überhöhung, die schönen Worte, mit denen die Staatsmacht den Schmerz in ihren Dienst stellt. Und über das Massenelend des Krieges hinwegtäuscht. Süß ist es, fürs

Vaterland zu sterben. Es ist noch nicht lange her, in diesem Land.

Jede Kultur und jede Epoche hat ihre Abschiedsrituale und Traditionen, die helfen sollen, den Verlust zu ertragen, den ausufernden Schmerz einzudämmen, der Trauer Ausdruck zu verleihen, das Unfaßbare faßbar zu machen. Es bleibt trotzdem unbegreiflich. Eben noch war der andere da. Jetzt ist er weg. Eben noch waren zwei zusammen, und plötzlich ist einer hier und einer da, ist jeder allein, jeder für sich. Der andere ist weg und nicht mehr zu finden an den Orten, an denen er bisher zu finden war. Die sind jetzt leer. Vielleicht ist er überhaupt nirgends mehr zu finden außer in dem Zurückgebliebenen selbst. Aber auch wenn das Grab nur München oder Kanada heißt, ist er doch wie gestorben. Nur sein Nachbild ist noch eine Weile da. Der Zurückgebliebene hat es vor Augen, genauso wie der, der im Zug sitzt, aus dem Fenster schaut, ohne etwas zu sehen, und einsilbig antwortet auf Fragen des Nachbarn, der gerne ein Gespräch anknüpfen möchte. Die Stimme klingt nach, die Gesten sind gegenwärtig, der Körper ist weg, und die Entfernung von einem zum andern wird jeden Moment größer.
Der Augenblick des Abschieds ist gekommen und gegangen wie andere gefürchtete oder herbeigesehnte Augenblicke auch. Das Unvorstellbare ist geschehen. Eben war der andere da. Jetzt ist er weg. Warum das so gekommen ist, ist gleichgültig. Ob es gute, vernünftige Gründe gab oder vollkommen sinnlos war – die Trennung schmerzt. Die Nähe wieder haben, die Stimme des andern hören wollen. Es beruhigt, miteinander zu sprechen. Die Trennung wird noch einmal hinausgeschoben, einen Moment lang aufgehoben. Der andere ist ganz nah und ist ganz fern, sein Gesicht nicht

zu sehen, sein Körper nicht zu berühren. Wenn der Hörer dann wieder auf der Gabel liegt, ist die Trennung bestätigt. Oder auf einen Brief warten, einen Brief schreiben. Beim Schreiben die Trennung ungeschehen machen. Und dann das Warten auf Antwort. Das Lauern auf den Briefträger. Der leere Briefkasten. Das Lauern auf den Briefträger. Die Freude beim Anblick einer ganz bestimmten Schrift. Die überströmende Liebe zum Briefträger. Beim Lesen wieder die Nähe. Gesicht, Körper, Stimme, alles da, fast leibhaftig da. Zu Ende lesen und gleich wieder von vorne beginnen und dann heftig spüren, daß der andere nicht da ist. Nicht sein Körper, nicht seine Stimme. Fehlt. Etwas fehlt. Jemand fehlt. Unruhe. Suchen. Alle möglichen Stellen absuchen. Von Hoffnung zu Enttäuschung zu neuer Hoffnung. Alle Stellen absuchen, wo einmal etwas war, jemand war und jetzt nichts mehr ist. Wie ein Tier, das sein Junges vermißt.

Und wenn es ganz anders ist und darum gar nicht geht? Wenn man selber derjenige ist, der fort muß, dahin zurück, wo die Wölfe bei den Lämmern wohnen, der Wolf nicht mehr frißt und das Lamm nichts mehr zu fürchten hat? Und wenn man sich ganz und gar nicht auf dieses Paradies freut, sondern sträubt? Nicht dahin will. Auf die Einsicht pfeift, daß Trennungen und Abschiede nun mal sein müssen, zum Leben dazugehören. Wenn man eine Extrawurst gebraten haben will und zu ahnen beginnt, daß es die nicht geben wird? Dann ist jeder allein mit seiner Angst. Vom Tod wird nicht geredet. Der Tod kommt nicht vor im öffentlichen Bewußtsein. Es sei denn, er ist weit genug weg – in der Zeitung oder im Fernsehen. Da kann es nicht genug sein: Flugzeugabstürze, Busunglücke, Eisenbahnunglücke, Verkehrstote, Kriegstote, Hungertote. Sachliche kleine Meldun-

gen oder große Sensationen. Eine Raketenexplosion, sieben Tote, eine ergriffene Nation, pompöse Trauer. Während das alltägliche Sterben im Abseits stattfindet und jeder möglichst so tut, als gäbe es das nicht. Kein Totentanz mehr mitten im Leben.
Unseren Blicken entzogen, wird der Tod zu etwas Ungehörigem, Anstößigem, Anrüchigem. Und macht um so mehr Angst. Nicht Furcht, sondern gestaltlose oder ständig die Gestalt wechselnde Angst, die in die Rhythmen des Körpers eingreift, Atem und Herzschlag stört, alles im Griff hat, den ganzen Menschen fest im Griff. Und der hat dann die Lage im Griff oder will sie in den Griff bekommen, die Lage im allgemeinen oder die Atomkraft im besonderen im Griff, fest im Griff. Gegenwart und Zukunft im Griff und Vergangenheit bewältigt, also auch im Griff. Bewältigt, überwältigt, unterworfen. Besiegt und nicht betrauert. Niedergerungen, niedergehalten, im Griff. Trauer macht schwach. Trauer ist Schwäche. Trauer ist das Eingeständnis von Ohnmacht. Nicht nachgeben, nicht schwach werden. Die Dinge im Griff behalten oder wieder in den Griff bekommen. Wiederaufbau. So tun, als wäre nichts gewesen, fast nichts. Ein Ausrutscher, gewiß, es sind Sachen vorgekommen, gewiß, aber es muß auch mal Schluß sein. Lassen wir die Vergangenheit ruhen. Machen wir einen Strich darunter und fangen wir neu an, ganz neu.
Ein Neuanfang ohne Trauer. Trauer hätte nur gestört. Wer trauert, ist nicht effektiv. Leistet nichts, nur die Arbeit der Trauer. Er läßt den Schmerz an sich herankommen. Er braucht seine Kraft, um den Schmerz zu ertragen. Er liefert sich dem Schmerz aus und wird vom Schmerz überwältigt. Er hat sich nicht im Griff. Er funktioniert nicht gut oder schlecht oder gar nicht. Seine Leistung besteht darin, daß er

seine Niederlage, seine Ohnmacht und seine Schuld anerkennt. Es kommt kein Häuschen im Grünen, kein neues Auto und kein Farbfernseher dabei heraus. Das Wirtschaftswunder wäre womöglich ausgeblieben. Also Strich drunter, Schwamm drüber und Neuanfang.

Nur daß es keinen Neuanfang gibt. Jeder Anfang hat eine, seine Vorgeschichte. Vor jedem Anfang war ein Ende, aus dem heraus sich dieser Anfang entwickelt hat. Das, was jetzt ist, hat sich aus dem heraus entwickelt, was war, und das, was sein wird, wird sich aus dem heraus entwickeln, was ist. Jedes Ende, jeder Abschied hat eine, seine Vorgeschichte, die in die Vergangenheit zurückreicht und in die Zukunft hineinwirkt. Anfang und Ende, Begegnung und Abschied bedingen und durchdringen einander. Das Ende beginnt schon am Anfang. Zum letzten Mal im Fruchtwasser schlafen, den ersten Atemzug tun. Zum letzten Mal an der Mutterbrust trinken, die ersten Schritte tun. Zum letzten Mal in die Hose scheißen, das erste Wort sprechen. Das Wort trennt. Mama von der Umwelt. Nacht von Tag. Bett von Tisch. Essen von Hungern. Ja von Nein. Haus von Straße. Ich von Du. Gestern von Morgen. Freude von Trauer. Wer die Trauer verweigert, bleibt hängen wie ein Papierschiffchen an einem Ast im Fluß. Das Wasser fließt darum herum. Das Papierschiff verrottet. Nichts Neues mehr. Keine Abschiede, aber auch keine Begegnungen. Noch nicht tot und doch schon nicht mehr beteiligt am Leben, wo immer wieder ein Ende in einen Anfang mündet. Eine vertraute Gestalt, eine ganz bestimmte Mütze verschwindet in der Menge. Aber es ist nicht wie vorher. Es ist etwas hinzugekommen. Eine Erinnerung. Wie diese besondere Mütze einst aus der Menge auftauchte. Die erste Umarmung. Die lebendige Wärme dieses vertrauten Leibes. Das erste zögernde, noch fremdelnde Gespräch. Erinnerungen. Wer geht, hofft darauf, nicht vergessen zu werden. Der Zurückgebliebene tröstet sich mit Erinnerungen. Vergessen ist Rache, vergessen werden Strafe. Vergiß mich nicht, sagte Jenny, die Seeräuberbraut, zu dem Räuber Mackie, vergiß mich nicht in den fremden Städten.

Katja Behrens

# LUCREZIA BORGIA

Geboren am 18. 4. 1480, gestorben am 24. 6. 1519 in Ferrara. Natürliche Tochter von Papst Alexander VI. In dritter Ehe seit 1501 mit Alfonso von Este verheiratet. Förderte Kunst und Wissenschaft. Starb nach der Geburt eines toten Kindes.

*An Papst Leo X.* (22. 6. 1519)

Heiligster Vater und mein zu verehrender Herr!
Mit aller nur möglichen Ehrfurcht küsse ich die heiligen Füße Ew. Seligkeit und empfehle mich demutsvoll Ihrer heiligen Gnade.
Nachdem ich durch eine schwierige Schwangerschaft mehr als zwei Monate viel gelitten hatte, gebar ich, wie es Gott gefiel, am Vierzehnten dieses Monates in der Morgenfrühe eine Tochter und hoffte, nach dieser Geburt auch von meinem Leiden befreit zu sein.
Doch das Gegenteil ist eingetreten, so daß ich nun der Natur meinen Tribut zahlen muß. Und so groß ist die Gunst, die unser Gnädigster Schöpfer mir schenkt, daß ich das Ende meines Lebens erkenne, und fühle, wie ich in wenigen Stunden ihm entronnen sein werde, nachdem ich zuvor die heiligen Sakramente der Kirche empfangen habe. Und an diesem Punkte erinnere ich mich, obwohl eine Sünderin, dennoch als Christin, Ew. Heiligkeit zu bitten, daß Sie in Ihrer Gnade geruhen, mir auch aus dem geistlichen Schatz eine Unterstützung zuzuwenden, indem Sie meiner armen Seele die Heilige Benediktion erteilen.
Und so bitte ich Sie in Demut und empfehle Ew. Heiligen

Gnade meinen Herrn Gemahl und meine Kinder, die alle Ew. Heiligkeit Diener sind.
In Ferrara, am zweiundzwanzigsten Juni,
in der vierzehnten Stunde.
Ew. Heiligkeit demütige Dienerin Lucrezia von Este

## LAMORAL GRAF VON EGMONT

Geboren am 18. 11. 1522 auf Schloß La Hamaide (Hennegau), hingerichtet am 5. 6. 1568 in Brüssel. Heerführer Karls V. und Philipps II. Statthalter von Artois und Flandern. Schloß sich der Opposition gegen die spanische Zentralisierungspolitik in den Niederlanden an. Bei Ausbruch des Aufstandes der Niederlande von Herzog Alba verhaftet und zusammen mit dem Grafen Hoorn hingerichtet.

*An Philipp II. von Spanien* (5. 6. 1568)

Ew. Majestät!
Das Urteil, das Ew. Majestät gegen mich zu fällen geruht hat, habe ich heute in der Frühe vernommen, und so, wie ich nie etwas gegen die Person und den Dienst Ew. Majestät, nie auch etwas gegen die wahre katholische Heilslehre unternommen habe, so fasse ich mich in Geduld gegen die Schikkung Gottes. Und wenn ich während der gegenwärtigen Wirren manches getan haben sollte, was anders schien, so geschah das in redlichster Absicht im Dienste Ew. Majestät, so wie es die Zeitumstände geboten. So bitte ich Ew. Majestät, mir zu vergeben und bitte auch, in Erinnerung an meine früheren Dienste, um gnädiges Erbarmen für mein Weib, meine armen Kinder und für mein ganzes Gesinde. Auf diese Hoffnung mich verlassend will ich der Gnade Gottes mich empfehlen.
Brüssel, in Todesbereitschaft, am fünften Juni, im fünfzehnhundertundachtundsechzigsten Jahre.
Ew. Majestät gehorsamer und treuer Diener

Lamoral Egmont

# MARIA STUART

Geboren am 8. 12. 1542 in Linlithgow, hingerichtet am 8. 2. 1587 in Fotheringhay. Mit sechs Tagen Königin von Schottland. Mit sechs Jahren Braut des französischen Erbprinzen. Mit siebzehn Jahren Königin von Frankreich. Mit achtzehn Jahren Witwe. Kehrte nach Schottland zurück und heiratete ihren Vetter Darnley, der zwei Jahre später von Bothwell ermordet wurde. Als sie noch im selben Jahr Bothwell heiratete, wurde sie von den Lords gestürzt und floh nach England zu Elisabeth, obwohl sie, als Urenkelin Heinrich VII., Elisabeth öffentlich den Thron streitig gemacht hatte. Elisabeth ließ sie einkerkern und, nach neunzehnjähriger Gefangenschaft und Aufdeckung einer Verschwörung zugunsten Maria Stuarts, enthaupten.

## *An Elisabeth I., Königin von England*

An die Königin Elisabeth

Aus Fotheringhay,
am 19. Dezember

... Auch weil Euch, Madame, mehr als irgendwem, Ehre und Schimpf, die Euerm Blut als einer Tochter von Königen und Königin von Geblüt widerfahren, nachgehn muß, so bitte ich im Namen Jesu, dem alle Gewalten untertan sind, wollet gestatten, daß meine Diener gemeinsam, sowie meiner Widersacher Gier nach meinem unschuldigen Blut erst gestillt ist, meinen armen Leib forttragen dürfen, um ihn in geweihter Erde in Frankreich zur Seite meiner Vorfahren und meiner seligen Mutter, der Königin, beizusetzen. In Anbetracht dessen, daß in Schottland die Leichen der Könige, meiner Vorfahren, beleidigt, die Kirchen entweiht worden sind, und angesichts der Behandlung, die mir hierzulande widerfuhr, habe ich bei Euern Ahnen, die auch die meinen sind, keinen Platz. Übrigens halten wir es nach

unserem Glauben für wichtig, in geweihtem Boden zu liegen. Vor Gott klage ich Sie, Madame, in keiner Weise an, bitte aber zu bedenken, daß Sie nach meinem Tode die Wahrheit werden erkennen müssen. Ein Kleinod, das ich von Ihnen empfangen habe, schicke ich Ihnen mit meinem letzten Willen, oder will Sie vielmehr im Namen Jesu, in Anbetracht unserer Blutsverwandtschaft durch unseren gemeinsamen Ahnen Heinrich VII. und um der Ehre der uns beiden gemeinsamen Königswürde und um unseres gemeinsamen Geschlechtes willen um Erfüllung meines Anliegens bitten. Im übrigen dürften Sie erfahren haben, daß man in Ihrem Namen meinen Thronhimmel entfernt hat, wenn man mir auch hinterher berichtete, daß es nicht auf Ihren Befehl, sondern nur auf Wunsch Ihrer Staatsdiener geschehen sei. Ich preise Gott für diese Grausamkeit, die nur darauf ausgeht, Bosheit zu erweisen und mich, nachdem man meinen Tod beschlossen hat, tödlich zu kränken ...
Eure Schwester und Base, widerrechtlich gefangen,

Maria, Königin

## ROBERT DEVEREUX, GRAF VON ESSEX

Geboren am 10. 11. 1567 in Herefordshire, hingerichtet am 25. 2. 1601 in London. Als Nachfolger seines Stiefvaters Lord Leicester Günstling Elisabeths I. 1599 wurde er als Statthalter in das aufständische Irland gesandt. Als er sich hier auf einen Waffenstillstand einließ, wurde er abgesetzt. Daraufhin machte er einen Aufstandsversuch, der scheiterte. Elisabeth ließ ihn enthaupten.

### *An Elisabeth I., Königin von England* (1598)

Madam, wenn ich bedenke, wie Eure Schönheit mir über allen anderen Dingen dieser Welt gestanden hat, und daß mir keine Freuden in diesem Leben zuteil geworden sind als die an Eurer wachsenden Zuneigung zu mir, so frage ich mich selbst, welche Ursache es wohl vermöchte, mich auch nur einen Tag lang von Euch zu entfernen. Aber wenn ich mir vorstelle, daß Eure Majestät durch das unerträgliche Unrecht, daß Ihr uns beiden, Euch wie mir, zugefügt habt, nicht nur alle Bande der Zuneigung zerrissen, sondern auch gegen die Ehre Eures Geschlechts gehandelt haben – so halte ich jeden Aufenthalt für besser als den, der mich beherbergt, und alle Gefahren, die mir drohen, für mein recht gewähltes Schicksal, kann ich mich doch jetzt von der Erinnerung an meine falschen, unbeständigen und trügerischen Freuden lösen. Es betrübt mich, daß ich Euch solches schreiben muß: aber ich vermag mir Eure Gesinnung nicht so unehrenhaft vorzustellen, daß Ihr Euch nicht selbst dafür bestrafet – so wenig Euch auch an mir liegen mag. Ich wünschte indessen, daß Eure Majestät – wie es auch immer gehen möge – unentschuldigt bleiben; denn Ihr wisset selbst, daß Ihr die Ursache seid, und die ganze Welt sieht erstaunt auf die Folgen. Ich bin niemals hochmütig gewesen, bis zu dem Augenblick, da Eure Majestät mich allzu tief erniedrigen wollten. Und da mein Schicksal nun einmal nicht besser ist, soll meine Verzweiflung wie meine Liebe sein: ohne Reue. Als Untertan und demütiger Diener will ich mein Leben, mein Vermögen und alles, was in mir ist, pflichtschuldig hingeben; dieser Ort aber ist nicht der rechte für mich; denn sie, der diese Welt untertan ist - sie ist meiner überdrüssig, und ich der Welt! Ich muß meine Trauer unter das Urteil dessen stellen, der Richter über alle Herzen ist, da ich ja auf Erden nun einmal kein Recht finde. Ich wünsche Eurer Majestät alle Tröstungen und alle Freuden dieser Welt und keine größere Strafe für Euer Unrecht an mir, als daß Ihr die Treue dessen erkennen möget, den Ihr verloren habt, und die Schlechtigkeit derer, die Ihr behaltet.

Eurer Majestät untertänigster Diener R. Essex

## SIR WALTER RALEIGH

Geboren um 1552 in Hayes Barton (Devonshire). Hingerichtet am 29. 10. 1618 in London. Günstling Elisabeths I. von England. In ihrem Auftrag unternahm er mehrere Beute- und Entdeckungsfahrten nach Übersee. Fuhr 1595 auf der Suche nach dem sagenhaften El Dorado nach Guayana. Gründete 1585/86 Virginia, die erste englische Kolonie in Nordamerika. Wegen Beteiligung an einer Verschwörung gegen Jakob I. 1603 zum Tode verurteilt. Die Vollstreckung wurde jedoch ausgesetzt. Nach dreizehnjähriger Haft machte er dem König den Vorschlag, ihn freizulassen, falls er in Amerika Goldminen entdecke. Nach Scheitern des Unternehmens wurde das Todesurteil von 1603 vollstreckt.

### *An seine Frau* (1603)

Mit diesen meinen letzten Zeilen, mein teures Weib, sollt Ihr meine letzten Worte empfangen und meine liebenden Gedanken, die ich Euch sende: wahret sie wohl und denket an meinen Rat, Euch ihrer zu erinnern, wenn ich nicht mehr bin. Es ist nicht mein Wille, Euch mit Kümmernissen zu beschweren, teure Beß. Lasset sie mit mir ins Grab wandern und im Staube bestattet sein. Und da es nun einmal Gottes Ratschluß ist, daß ich Euch in diesem Leben nicht noch einmal sehen soll, so traget dies mit Geduld und zeiget ein Herz, wie es Eurer würdig ist.

Erstlich empfanget allen Dank, den mein Herz fassen oder meine Worte auszudrücken vermögen, für die mancherlei Mühen und Sorgen, die Ihr an mich gewandt habt; gewiß ist das Ergebnis nicht so gewesen, wie Ihr es gewünscht hättet, aber meine Schuld gegen Euch ist darum nicht geringer; sie einzulösen freilich wird mir auf dieser Welt nicht mehr verstattet sein.

Zum zweiten bitte ich Euch bei der Liebe, die Ihr mir im Leben bezeugt habt: Verberget Euch nach meinem Tode nicht viele Tage; suchet vielmehr in mühevoller Arbeit Eure schlimme Lage zu bessern und das Recht Eures armen Kindes zu wahren. Kann mir Deine Trauer doch zu nichts nutze sein, da ich nur noch Staub bin.
Zum dritten beachtet wohl, daß mein Land bona fide meinem Kinde übertragen ward. Die Aufzeichnungen darüber sind um die Sommer-Sonnenwende vor zwölf Monaten niedergelegt worden; mein ehrsamer Vetter Brett kann Zeugnis dafür ablegen, und auch Dalberrie vermag sich an manches davon zu erinnern. Ich hoffe zuversichtlich, mein Blut werde den Groll derer, die mich so grausam ermordet haben, sättigen; auch werden sie, hoffe ich, weder Dich noch die Deinigen in äußerster Armut zugrunde gehen lassen.
An welchen meiner Freunde Du Dich wenden kannst, weiß ich nicht, denn sie alle haben mich gerade zur Zeit des Prozesses verlassen; und mir wird offenbar, daß mein Tod vom ersten Tage an bestimmt war.
Gott weiß, wie gar sehr es mich betrübt, daß ich Euch infolge meines überraschenden Todes nicht in besseren Verhältnissen zurücklassen kann. Gott ist mein Zeuge: mein ganzer Weinbestand, oder doch alles, was ich durch den Verkauf dafür hätte erlösen können, desgleichen die Hälfte meines Hausrats und alle meine Juwelen waren Euch zugedacht; nur etwas davon sollte für den Jungen sein. Da aber hat Gott, der mächtige Gott, welcher alles in allem beherrschet, die Ausführung meiner Entschlüsse verhindert. So Ihr indessen frei von Mangel leben könnt, sorget Euch um nichts mehr: denn alles übrige ist leerer Wahn.
Liebet Gott und fanget beizeiten an, Euch ganz in Seine Hand zu geben; darin werdet Ihr wahrhafte und beständige

Reichtümer und nimmer endenden Trost finden. Denn sonst werdet Ihr, nachdem Ihr Eure Gedanken erst in allen Arten weltlicher Berechnungen erschöpft habt, am Ende dasitzen und trauern.

Unterweiset auch Euren Sohn, solange er jung ist, darin, Gott zu lieben und zu fürchten, auf daß er gottesfürchtig heranwächst; derselbe Gott wird Euch Gatte und ihm Vater sein - ein Gatte und Vater, der Euch nicht genommen werden kann.

Baylie schuldet mir 200 Pfund und Adrian Gilbert 600 Pfund. Auch in Jersey habe ich noch viele Forderungen ausstehen, und zudem werden die rückständigen Summen für den Wein meine Schulden begleichen. Wie Ihr es auch immer regeln möget, um eines bitte ich Euch: bezahlet um des Heils meiner Seele willen alle, die arm sind.

Viele werden Euch begehren, wenn ich gegangen bin, dessen bin ich gewiß; denn nach der Meinung der Welt war ich sehr vermögend. Aber hütet Euch wohl vor den Vorwänden der Menschen und ihren Leidenschaften; denn Neigung hat nur bei ehrenhaften und würdigen Männern Bestand; zudem kann Euch kein größeres Elend in diesem Leben beschieden sein, als wenn Ihr zuvörderst als Beute betrachtet und dann verschmäht werdet. Weiß Gott, ich spreche dies gewißlich nicht aus, um Euch von einer Heirat abzuraten; bin ich mir doch selbst bewußt, daß sie das Beste für Euch sein würde, sowohl im Hinblick auf die Welt wie im Aufblick zu Gott. Weder bin ich heute noch Euer, noch seid Ihr mein. Der Tod hat uns voneinander gerissen; und Gott hat mich von der Welt und Euch von mir getrennt.

Um seines Vaters willen, der Euch erwählte und Euch liebte in seinen glücklichsten Zeiten: gedenket immer Eures armen Kindes.

Versuchet, so es möglich ist, der Briefe habhaft zu werden, in denen ich die Lords um mein Leben gebeten habe. Gott ist mein Zeuge: für Euch und die Eurigen wünschte ich zu leben. Indessen ist es auch wahr, daß ich mich selbst geringschätze, weil ich darum gebeten habe; denn wisset, teures Weib, Euer Sohn ist der Sohn eines aufrechten Mannes, der für sich selbst den Tod verachtet in allen seinen häßlichen und eklen Mißgestalten.
Ich bin nicht imstande, viel zu schreiben. Bei Gott, es kommt mich hart an, mir diese Zeit abzuringen, während andere schlafen; und es ist auch hohe Zeit, daß ich meine Gedanken von der Welt abwende.
Erbittet Euch meinen toten Leib, da Euch der lebende versagt blieb; begrabt ihn zu Shirbourne (so Euch das Land gelassen wird) oder in der Kirche von Exeter neben meinem Vater und meiner Mutter.

## LISELOTTE VON DER PFALZ

### Herzogin Elisabeth Charlotte von Orléans

Geboren am 27. 5. 1652 in Heidelberg, gestorben am 8. 12. 1722 in Saint-Cloud. Tochter des Kurfürsten Karl Ludwig von der Pfalz. Wurde 1671 mit Philipp I. von Orléans, einem Bruder Ludwig XIV., verheiratet und siedelte an den französischen Hof über. Das tägliche Schreiben langer Briefe, von denen etwa fünftausend erhalten sind, wurde ihr zum Ersatz für Freundschaften, die sie in der französischen »Verbannung« entbehrte.

*An ihre Halbschwester, die Raugräfin Luise von Degenfeld*

St. Cloud, den 3. Dezember 1722

Herzallerliebste Luise, die Zeitung, so ich Euch heut von meiner Gesundheit zu sagen habe, wird Euch wohl gar nicht gefallen. Ich werde täglich elender, möchte wohl ein schlimm End nehmen, aber ich bin gottlob zu allem bereit, bitte nur den Allmächtigen, mir Geduld zu verleihen in meinen großen Schmerzen, so ich Nacht und Tag ausstehen muß, sowohl durch meine erschreckliche Schwachheit, als auch sonsten durch mein elendes Leben. Ob ich noch davon kommen werde, mag Gott wissen; die Zeit wird's lehren; aber ich bin noch nicht so übel gewesen als nun. Hier haben wir kein häßlich Wetter, fängt doch heut ein wenig an zu regnen, mit einem kleinen Regen. Ich glaube nicht, daß einig Wetter mehr gesund vor mich sein wird. Die Zeit, liebe Luise, wird bald erweisen, was aus diesem allen werden wird. Komme ich davon, so werdet Ihr mich allezeit finden, wie ich bisher gewesen. Nimmt mich Gott zu sich, müßt Ihr Euch in dem getrösten, daß ich ohne Reu noch Leid sterb, die Welt gern verlasse in der Hoffnung, daß mein Erlöser, so vor mich gestorben und auferstanden ist, mich nicht verlassen wird, und wie ich ihm treu geblieben, daß er sich auch meiner an meinem letzten End erbarmen wird. Auf dies Vertrauen lebe und sterbe ich, liebe Luise! Es mag im übrigen gehen, wie Gott will. Es seind viel Leute, so sich nun über Husten und Schnupfen beklagen; ich bin kränker als dies und werde täglich ärger. Ich wünsche, liebe Luise, daß Eure neue Gesellschafterin dem von Solmss. . . . Da bringt man mir noch ein liebes Schreiben von Euch vom 21. November, No. 83, kann aber ohnmöglich drauf antworten, bin gar zu krank diesen . . . Aber, aber erhält mir Gott das Leben bis übermorgen, werde ich antworten, nun aber nur sagen, daß ich Euch bis an mein End von Herzen lieb behalte.

Elisabeth Charlotte

## FRIEDRICH DER GROSSE

Geboren am 24. 1. 1712 in Berlin, gestorben am 17. 8. 1786 in Sanssouci. Sohn Friedrich Wilhelms I., der seine musischen Neigungen aufs äußerste mißbilligte und ihnen mit Brutalität entgegenzuwirken suchte. Nach einem mißglückten Fluchtversuch auf der Festung Küstrin inhaftiert. Als König führte er einerseits das Werk seines Vaters weiter, indem er mit zahlreichen Kriegen Preußens Stellung als europäische Großmacht sicherte, und fühlte sich andererseits der Aufklärung verbunden, verkündete die allgemeine Glaubens- und Gewissensfreiheit, schaffte die Folter ab und verbesserte die Lage der Bauern. Er starb, von seinem Kammerhusaren gestützt, im Lehnstuhl sitzend.

*An seine Schwester, die Herzogin von Braunschweig*

(Sanssouci) 10. August 1786

Meine verehrungswürdige Schwester, der Arzt aus Hannover hat sich bei Euch in Ansehen setzen wollen, aber die Wahrheit ist, daß er mir nichts genützt hat. Die alten müssen den jungen Leuten Platz machen, damit jede Generation ihren Platz findet; und wenn man recht erwägt, was eigentlich das Leben ist, so besteht es darin, seine Mitbürger sterben und geboren werden zu sehen. Inzwischen fühle ich mich ein wenig erleichtert seit einigen Tagen. Mein Herz bleibt Ihnen unveränderlich zugethan, meine gute Schwester. Mit der höchsten Achtung, meine verehrungswürdige Schwester, Ihr ergebenster Diener und treuer Bruder

Friedrich

## MARIE ANTOINETTE

Geboren am 2. 11. 1755 in Wien, hingerichtet am 16. 10. 1793 in Paris. Tochter Kaiser Franz' I. und Maria Theresias. 1770 mit dem Dauphin, dem späteren Ludwig XVI., verheiratet. Galt als lebensfroh und leichtsinnig. Nach Ausbruch der Französischen Revolution drängte sie den König zum Widerstand und versuchte in geheimen Verhandlungen mit verschiedenen europäischen Fürstenhöfen, die Monarchie zu retten. Durch das Revolutionstribunal zum Tode verurteilt und guillotiniert.
Der zweite Absatz ihres Abschiedsbriefes an die Schwägerin bezieht sich auf die von dem Stadtprokurator Hébert erfundene Verleumdung, die Königin und Madame Elisabeth hätten sich in der ersten Zeit ihrer Tempelhaft an dem Kind vergangen. Der Neunjährige hatte dies im Prozeß gegen Mutter und Tante bestätigt.
Der Brief ist unvollendet. Nach Augenzeugenberichten schlief die Königin über dem Papier ein. Der Kerkermeister Bault, der sie abholte, lieferte den Brief nicht an die ebenfalls inhaftierte Prinzessin Elisabeth ab, sondern an den Generalprokurator Fouquier-Tinville. Als dieser auch guillotiniert wurde, stahl ihn der mit dem Ordnen des Nachlasses betraute Deputierte und ehemalige Pantinenmacher Courtois, um ihn einundzwanzig Jahre später, nach der Restauration, König Ludwig XVIII. auszuhändigen. Da Madame Elisabeth kurz nach der Königin guillotiniert wurde, hat der Brief seine Adressatin nie erreicht. Dafür wurde er später bei allen Seelenämtern zum Gedächtnis der Königin von den Kanzeln Frankreichs verlesen.

*An Madame Elisabeth, die Schwester des hingerichteten Königs*

Dir, liebe Schwester, schreibe ich zum letzten Male. Soeben wurde ich ... nicht zu dem schmachvollen Tode der Verbrecher, sondern zum Wiedersehn mit Deinem Bruder verurteilt, und unschuldig, wie er selbst, hoffe ich ihm im Tode zu gleichen. Ich bin so ruhig, wie man es immer ist, wenn das Gewissen den Menschen nicht anklagt. Tief bedauere ich, meine armen Kinder allein zu lassen ... Du weißt, ich habe nur für sie und für Dich gelebt, meine gute, geliebte Schwester. In welcher Lage lasse ich Dich zurück - Dich, die Du doch, um bei uns zu bleiben, alles hingegeben hast! Durch die Plädoyers im Prozesse habe ich erfahren, daß man meine Tochter von Dir getrennt hat. Ach das arme Kind, ich wage es nicht, ihm zu schreiben, sie würde meinen Brief überdies ja gar nicht erhalten - weiß ich doch nicht einmal, ob dieser hier Dich erreichen wird. Empfange Du für sie beide meinen Segen. Ich hoffe, daß sie später einmal bei Dir sein und ganz Deine liebevolle Sorgfalt genießen werden - mögen sie dann beide an das denken, was ich sie immer gelehrt habe: daß genaueste Pflichterfüllung das wichtigste Lebensfundament bildet, daß endlich die Freundschaft und das Zutrauen, das sie für einander hegen, sie glücklich machen wird. Möge meine Tochter als die Ältere eingedenk sein, daß sie ihrem Bruder immer mit den Ratschlägen ihrer größeren Erfahrung beizustehen hat. Mag mein Sohn hinwieder seiner Schwester alle Fürsorge und alle Dienste erweisen, wie sie sich aus der Freundschaft ergeben. Mögen sie endlich eingedenk sein, daß sie stets in ihrem Leben nur durch Eintracht glücklich sein werden und mögen sie sich uns zum Beispiel nehmen! Wieviel Tröstung hat uns unsere Freundschaft in allen unseren Leiden gebracht! Man genießt doppelt jedes Glück, wenn man es mit einem Freunde teilen kann. Und wo kann man einen hingebenderen und zärtlicheren Freund finden, als in der eigenen Familie? Möge mein Sohn niemals die letzten Worte seines Vaters vergessen, die ich mit Vorbedacht wiederhole: möge er niemals danach trachten, unseren Tod zu rächen.

Ich muß mit Dir über ein Ding reden, das mir sehr wehe tut. Ich weiß, wieviel Kummer Dir dieses Kind bereitet hat. Verzeih ihm, liebe Schwester, denk an seine große Jugend und denke daran, wie leicht es ist, ein Kind zu der Aussage zu bestimmen, die man hören will. Ich hoffe auf den Tag, da er um so mehr den Wert unserer Liebe und Zärtlichkeit begreifen wird . . .

Ich muß Dir noch einen letzten Gedanken anvertrauen . . . Ich sterbe im apostolischen katholischen Glauben, der Religion meiner Väter, in der ich erzogen wurde und zu der ich mich immer bekannt habe. Da ich keinerlei geistlichen Zuspruch zu erwarten habe, da ich nicht weiß, ob es hier noch Priester dieser Religion gibt, und da auch dieser Ort hier sie allzu großen Gefahren aussetzen würde, so bitte ich Gott von Herzen um die Vergebung all meiner Sünden, die ich begangen habe, seit ich lebe. Ich hoffe, daß er in seiner Güte meine letzten Gebete erhören wird samt allen, die ich schon lange an ihn richtete, auf daß meine Seele seines Erbarmens und seiner Güte teilhaftig werde.

Ich bitte alle meine Bekannten und sonderlich Dich, liebe Schwester, um Vergebung für alles Leid, das ich unwissentlich ihnen zugefügt habe, ich verzeihe allen meinen Feinden alles Böse, das ich durch sie erlitten habe. Ich sage allen meinen Brüdern und Schwestern Lebewohl. Ich hatte doch Freunde. Und der Gedanke, von ihnen für immer getrennt zu werden, und die Gewißheit ihres Schmerzes gehören zu den größten Leiden, die ich sterbend auf mich nehmen muß. Mögen sie wenigstens wissen, daß ich in meinen letzten Gedanken ihrer gedacht habe.

Lebe wohl, liebe, gute Schwester! Mag dieser Brief Dich erreichen, magst Du mich nie vergessen! Von ganzem Herzen umarme ich Dich samt den lieben Kindern . . . ach, wie herzzerreißend ist es, sie für immer zu verlassen! Leb wohl, leb wohl . . .

Ich werde mich nun meinen religiösen Verpflichtungen widmen. Da ich nicht frei in meinem Tun und Lassen bin, wird man vielleicht einen Priester zu mir bringen ... ich erkläre aber, daß ich ihm kein Wort sagen und ihn wie einen Fremden behandeln werde ...

## KAROLINE VON GÜNDERRODE

Geboren am 11. 2. 1780 in Karlsruhe, Freitod am 26. 7. 1806 in Winkel am Rhein. Lebte in einem evangelischen Stift für adelige Damen in Frankfurt. War mit Bettina von Arnim befreundet. Schrieb Gedichte, Dramen und Prosa. Verliebte sich 1804 in den Altphilologen Friedrich Creuzer, der als Professor und verheirateter Mann in Heidelberg lebte. Creuzer und die Günderrode wechselten leidenschaftliche Liebesbriefe. Zur Scheidung konnte Creuzer sich jedoch nicht entschließen. Mit dem folgenden Brief war die Beziehung der beiden nicht beendet. Sie dauerte noch gut anderthalb Jahre, bis Creuzer ihr durch einen Freund mitteilen ließ, daß er »entsagt« habe, und sie, gerade bei Freunden in Winkel zu Besuch, zum Rhein hinunterging und sich mit einem Dolch erstach, den sie schon lange bei sich getragen hatte.

*An Friedrich Creuzer* Freitag, den 30. XI. 1804

Ich habe keine Ansprüche an Sie, nehmen Sie also was ich sagen werde für keinen Vorwurf, da dies mein lezter Brief ist, soll er Ihnen nur meine inerste Gesinnung enthüllen, denn heimlich schreiben mag ich Ihnen nicht; da diese Sache zur Sprache kam mußte sie durchgesezt oder aufgegeben werden. - Meine Briefe waren Ihnen das liebste u Erfreulichste, Sie geben Sie auf, nicht gegen was Großes u Vortrefliches, nein, wie Sie selbst gestehen, »wegen eitler Besorgnis, wegen der Schwachheit in Gestalt des Weibes«. Es ist hier nichts Verdamliches, es ist nur schlim daß Sie sich für selbständiger halten als Sie sind u daß Sie sich nicht eingestehen wollen daß Sie eigentlich Ihrer Frau in vielem Sinn angehören; u warum sollte das auch nicht sein, sie ist gut und liebt sie, und tadellos ist Niemand. Kehren Sie ganz und mit Bewustsein zu ihr zurük dann haben Sie doch Etwas für ihre Opfer, wenn Sie aber ihr zu lieb imer das Liebste aufgeben u sie doch dafür nicht besitzen u festhalten mö-

gen, so verarmen Sie unausbleiblich. Sie haben Ihre Frau zu Ihrem Schiksal heranwachsen lassen, aber man soll sich kein Schiksal geben, oder es ehren u nicht dawieder murren.
Leben Sie wohl, recht wohl u bleiben Sie mir gut.
Mahomed u alle Gedichte die Sie kenen sind verkauft brechen Sie also alle Unterhandlungen deshalb ab.
Hektor ist ein blindes Werkzeug.

## UNBEKANNTER PREUSSISCHER OFFIZIER

Gefallen am 14. 10. 1806. An diesem Tag wurde ein preußisches Korps unter dem Fürsten Hohenlohe in der Schlacht bei Jena von Napoleon entscheidend geschlagen, während die preußische Hauptmacht bei Auerstedt unterlag.
Der folgende Brief wurde am Tag nach der Schlacht von einem Bewohner Vierzehnheiligens dicht bei dem Dorf, wo die Hauptschlacht gewesen war, unter der verstreuten Habe gefunden. Der Verfasser war vermutlich ein jüngerer Ordonnanzoffizier des Hohenloher Stabes.

Kapellendorf, Montag nachts.

Dies ist, meine Blanche, nun wohl der letzte Brief vor dem großen Spiel der Würfel und der letzte vielleicht, den ich, hingestreckt am Lagerfeuer und umgeben von dem Lärm der allenthalben schon erwachenden Armee Dir schreibe. Arme elende Zeilen, flattert denn hinweg über den Abgrund zwischen Leben und Tod, umarmt statt meiner die Geliebte! Ach, wie gern hätte ich Dir in den letzten bewegten Tagen geschrieben, wären die Ereignisse, die mannigfachen Rufe der kriegerischen Pflicht, die Schicksalschläge nicht allzu schnell einander gefolgt! Ritte hierhin und dorthin, durch das rauhe Gebirg, durch das Gedräng der Bagagen und ermattete Truppen, die nicht immer gutwillig und oft genug verdrossen und verstört schienen. Vorgestern schickte mich der Fürst, Versprengte vom Battaillon Rabenau zu sammeln, das bei der Saalfelder Affäre engagiert gewesen war – ach, wie brach mein Herz beim Anblick dieser Männer, in deren Augen noch das Entsetzen war! Wie gedachte ich des Prinzen, der auf Adlersfittichen Preußens glanzvollste Hoffnungen trug und nun dahingemäht ist wie so viele Gefährten! Ach meine Blanche, schwer ist mein Herz, und noch

schwerer ist, Dir zu sagen, wie ahnungsvoll es ist. Gestern Abend war ich bei der Avantgarde, sah in die dämmrigen Nebel des Tales hinab, spürte dort vielfach geheimnisvolles Werden und wußte: es ist das Schicksal, das uns allen von dort aufsteigt. So lange wir sind, wie wir diese Welt betreten, ist der Korse unüberwindlich - ach, und wer von uns vermöchte wohl, sich hinüberzuschwingen in eine neue, andere Zeit ohne Poesie des Gemütes? Blanche, meine Blanche, ich fühle, daß ich morgen sterben werde, das Stöhnen des Morgenwindes, der Duft des modrichten Herbstlaubes, jeder Puls des Herzens sagt es mir. Und obwohl mir Todesangst nicht fremd ist: kann ichs denn anders wollen, und war es nicht in den reinsten Träumen so, daß ich mir den Tod des Jünglings wünschte? Das Leben ist noch verklärt und hell, mag es denn so bleiben, wenn mein Herz den letzten Schlag tut und mein letzter erlöschender Gedanke bei Dir ist.
Der Frühwind beginnt und die Feuer sind herabgebrannt, es beginnt der große Tag. Geliebte leb wohl, Freundin heiligster Stunden, ich umarme Dich als der noch Atmende, wie meine letzten Gedanken Dich umfangen sollen.
Ewig der Deine Friz

# ANDREAS HOFER

Geboren am 22. 11. 1767 in St. Leonhard (Passeiertal), hingerichtet am 20. 2. 1810. Gastwirt in Passeier. Trat im Mai 1809 an die Spitze der Tiroler Volkserhebung gegen die bayerische Herrschaft. Zwang die Bayern durch zwei Schlachten am Berg Isel zur Räumung Tirols. Setzte den Kampf auch nach dem österreichisch-französischen Waffenstillstand fort. Am 1. 11. 1809 von einer französisch-bayerischen Übermacht geschlagen, hielt er sich in einer Almhütte auf dem Brantacherberg verborgen. Durch Verrat wurde er hier von den Franzosen gefangengenommen, nach Mantua gebracht und standrechtlich erschossen.

## *An seinen Freund Pühler*

Liebster Herr Prueder,
der göttliche willen ist es gewössen, daß ich habe miessen hier in Mandua mein zeitliches mit den Ebigen verwöxeln, aber Gott seie danckh um seine gödliche gnad, mir ist es so leicht vorgeckohmen, als wan ich zu waß andern ausgefihrt würd. Gott wirth mir auch die gnad verleihen wiß[1] in lösten augen Plick, auf das ich khomen thoe, albo[2] sich mein sehl mit alle außerwöhlte sich Ebig Ehrfreien mag, alwo ich auch fir alle bitten werde bei Gott, absonderlich fir wölliche ich am meresten zu Bitten schuldig bin, Und fir sie und iere frau liebst, wögen den Piechl, Und andere guet Datten[3], auch alle hier noch lebenden guete Freind sollen fir mich Bitten, Und mir aus die heißen flammen helfen, wan ich noch in fegfeir pießen muß.
Die Gottes Dienst soll die liebste mein, oder Wirthin zu sanct Marthin halten lassen beim Rossenfarben Pluet,[4] Pitten in pede Pfarren, den freinten bein Unter-Wirth ist suppe und Fleisch zu göben lassen nebst Einder halben Wein.

Lieber Herr Piehler, gien sie mir hinnin, Und bein Untterwirth zu sanct Marthin zeigen sie die sache an, Ehr wird schon angestald machen, Und machen sie sonst niemand nicht khomper[5] von dieser sache.
Von der Welt lebet alle wohl, wiß wir in Himel zam khomen, Und Gott loben bis an Ent. Alle Passeyrer und Bekhante sollen mir Eingedenkcht sein in heiligen Gebeth. Und die Wirthin[6] solle sich nicht so bekhimeren, ich werde Piden bei Gott fir sie Alle.
Adee meine schneede Welt, so leicht khombt mir das sterben for, das mir nit die Augen naß werden.
Geschrieben um 5 Uer in der Frue, Und um 9 Uer Reiß ich mit der hilf aller heillig zu Gott.

Mandua den 20. Februari 1810.

Dein in Leben geliebter Andree Hofer vom sant
in Passeyer in Namen des Herrn Wille ich
auch die Reisse fornemen
mit Gott.

[1] bis
[2] allwo
[3] Taten
[4] beim Rosenfarbenen Blut
[5] Aufhebens
[6] die Sandwirtin, Hofers Frau

## HEINRICH VON KLEIST

Geboren am 18. 10. 1777 in Frankfurt an der Oder, Freitod am 21. 11. 1811 am Wannsee bei Potsdam. Aus preußischer Offiziersfamilie. Mit vierzehn Jahren in die preußische Armee gesteckt. Mit fünfzehn Jahren beim Rheinfeldzug mitgenommen. Einundzwanzigjährig entschloß er sich, die militärische Laufbahn aufzugeben, und begann, Philosophie, Natur- und Staatswissenschaften zu studieren. Gab das Studium wieder auf. Reiste. Schrieb. Brach zusammen. Vernichtete seine Manuskripte. Trat in den preußischen Staatsdienst. Wurde als angeblicher Spion von den Franzosen verhaftet. Gefangengehalten. Freigelassen. Ging nach Dresden. Gab eine Zeitschrift heraus. Ging nach Berlin. Gab eine Zeitschrift heraus. Am 20. November 1811 quartierte er sich mit der unheilbar kranken Henriette Vogel im »Neuen Krug« am Wannsee ein, verbrachte eine Nacht mit Lesen und Briefeschreiben und wurde am nächsten Tag, zusammen mit Henriette Vogel, in der Nähe des Gasthauses erschossen aufgefunden. Es dauerte fast hundert Jahre, bis der Verfasser des »Michael Kohlhaas«, des »Käthchen von Heilbronn«, der »Penthesilea«, des »Zerbrochenen Kruges« usw. »entdeckt« wurde.

*An Marie von Kleist* (Berlin) d. 10. Nov. 1811

Deine Briefe haben mir das Herz zerspalten, meine teuerste Marie, und wenn es in meiner Macht gewesen wäre, so versichre ich Dich, ich würde den Entschluß zu sterben, den ich gefaßt habe, wieder aufgegeben haben. Aber ich schwöre Dir, ist es mir ganz unmöglich länger zu leben; meine Seele ist so wund, daß mir, ich möchte fast sagen, wenn ich die Nase aus dem Fenster stecke, das Tageslicht wehe tut, das mir darauf schimmert. Das wird mancher für Krankheit und überspannt halten; nicht aber Du, die fähig ist, die Welt auch aus andern Standpunkten zu betrachten als aus dem Deinigen. Dadurch, daß ich mit Schönheit und Sitte, seit meiner frühsten Jugend an, in meinen Gedanken und Schreibereien unaufhörlichen Umgang gepflogen, bin ich so empfindlich geworden, daß mich die kleinsten Angriffe, denen das Gefühl jedes Menschen nach dem Lauf der Dinge hinieden ausgesetzt ist, doppelt und dreifach schmerzen. So versichre ich Dich, wollte ich doch lieber zehnmal den Tod erleiden, als noch einmal wieder erleben, was ich das letztemal in Frankfurt an der Mittagstafel zwischen meinen beiden Schwestern, besonders als die alte Wackern darzukam, empfunden habe; laß es Dir nur einmal gelegentlich von Ulriken erzählen. Ich habe meine Geschwister immer, zum Teil wegen ihrer gutgearteten Persönlichkeiten, zum Teil wegen der Freundschaft, die sie für mich hatten, von Herzen liebgehabt; so wenig ich davon gesprochen habe, so gewiß ist es, daß es einer meiner herzlichsten und innigsten Wünsche war, ihnen einmal durch meine Arbeiten und Werke recht viel Freude und Ehre zu machen. Nun ist es zwar wahr, es war in den letzten Zeiten, von mancher Seite her, gefährlich, sich mit mir einzulassen, und ich klage sie desto weniger an, sich von mir zurückgezogen zu haben, je mehr ich die Not des Ganzen bedenke, die zum Teil auch auf ihren Schultern ruhte; aber der Gedanke, das Verdienst, das ich doch zuletzt, es sei nun groß oder klein, habe, gar nicht anerkannt zu sehn und mich von ihnen als ein ganz nichtsnutziges Glied der menschlichen Gesellschaft, das keiner Teilnahme mehr wert sei, betrachtet zu sehen, ist mir überaus schmerzhaft, wahrhaftig, es raubt mir nicht nur die Freuden, die ich von der Zukunft hoffte, sondern es vergiftet mir auch die Vergangenheit.

Die Allianz, die der König jetzt mit den Franzosen schließt, ist auch nicht eben gemacht, mich im Leben festzuhalten. Mir waren die Gesichter der Menschen schon jetzt, wenn ich ihnen begegnete, zuwider, nun würde mich gar, wenn sie mir auf der Straße begegneten, eine körperliche Empfindung anwandeln, die ich hier nicht nennen mag. Es ist zwar wahr, es fehlte mir sowohl als ihnen an Kraft, die Zeit wieder einzurücken; ich fühle aber zu wohl, daß der Wille, der in meiner Brust lebt, etwas anderes ist als der Wille derer, die diese witzige Bemerkung machen: dergestalt, daß ich mit ihnen nichts mehr zu schaffen haben mag. Was soll man doch, wenn der König diese Allianz abschließt, länger bei ihm machen? Die Zeit ist ja vor der Tür, wo man wegen der Treue gegen ihn, der Aufopferung und Standhaftigkeit und aller andern bürgerlichen Tugenden, von ihm selbst gerichtet, an den Galgen kommen kann.

*An Marie von Kleist* (Berlin, 19. Nov. 1811)

Meine liebste Marie, mitten in dem Triumphgesang, den meine Seele in diesem Augenblick des Todes anstimmt, muß ich noch einmal Deiner gedenken und mich Dir, so gut wie ich kann, offenbaren: Dir, der einzigen, an deren Gefühl und Meinung mir etwas gelegen ist; alles andere auf Erden, das Ganze und Einzelne, habe ich völlig in meinem Herzen überwunden. Ja, es ist wahr, ich habe Dich hintergangen, oder vielmehr ich habe mich selbst hintergangen; wie ich Dir aber tausendmal gesagt habe, daß ich dies nicht überleben würde, so gebe ich Dir jetzt, indem ich von Dir Abschied nehme, davon den Beweis. Ich habe Dich während Deiner Anwesenheit in Berlin gegen eine andere Freundin vertauscht; aber wenn Dich das trösten kann, nicht gegen eine, die mit mir leben, sondern, die im Gefühl, daß ich ihr ebensowenig treu sein würde, wie Dir, mit mir sterben will. Mehr Dir zu sagen, läßt mein Verhältnis zu dieser Frau nicht zu. Nur so viel wisse, daß meine Seele, durch die Berührung mit der ihrigen, zum Tode ganz reif geworden ist; daß ich die ganze Herrlichkeit des menschlichen Gemüts an dem ihrigen ermessen habe, und daß ich sterbe, weil mir auf Erden nichts mehr zu lernen und zu erwerben übrig bleibt. Lebe wohl! Du bist die allereinzige auf Erden, die ich jenseits wiederzusehen wünsche. Etwa Ulriken? - ja, nein, nein, ja: es soll von ihrem eignen Gefühl abhangen. Sie hat, dünkt mich, die Kunst nicht verstanden sich aufzuopfern, ganz für das, was man liebt, in Grund und Boden zu gehn: das Seligste, was sich auf Erden erdenken läßt, ja worin der Himmel bestehen muß, wenn es wahr ist, daß man darin vergnügt und glücklich ist. Adieu!

Rechne hinzu, daß ich eine Freundin gefunden habe, deren Seele wie ein junger Adler fliegt, wie ich noch in meinem Leben nichts Ähnliches gefunden habe; die meine Traurigkeit als eine höhere, festgewurzelte und unheilbare begreift, und deshalb, obschon sie Mittel genug in Händen hätte mich hier zu beglücken, mit mir sterben will; die mir die unerhörte Lust gewährt, sich, um dieses Zweckes willen, so leicht aus einer ganz wunschlosen Lage, wie ein Veilchen aus einer Wiese, herausheben zu lassen; die einen Vater, der sie anbetet, einen Mann, der großmütig genug war sie mir abtreten zu wollen, ein Kind, so schön und schöner als die Morgensonne, um meinetwillen verläßt: und Du wirst begreifen, daß meine ganze jauchzende Sorge nur sein kann, einen Abgrund tief genug zu finden, um mit ihr hinabzustürzen.

Adieu noch einmal!

*An Sophie Müller* Berlin, 20. Nov. 1811

Der Himmel weiß, meine liebe, treffliche Freundin, was für sonderbare Gefühle, halb wehmütig, halb ausgelassen, uns bewegen, in dieser Stunde, da unsere Seelen sich, wie zwei fröhliche Luftschiffer, über die Welt erheben, noch einmal an Sie zu schreiben. Wir waren doch sonst, müssen Sie wissen, wohl entschlossen, bei unseren Bekannten und Freunden keine Karten p. p. c. abzugeben. Der Grund ist wohl, weil wir in tausend glücklichen Augenblicken an Sie gedacht, weil wir uns tausendmal vorgestellt haben, wie Sie in Ihrer Gutmütigkeit aufgelacht (aufgejauchzt) haben würden, wenn Sie uns in der grünen oder roten Stube beisammen gesehen hätten. Ja, die Welt ist eine wunderliche Einrichtung! – Es hat seine Richtigkeit, daß wir uns, Jettchen und ich, wir zwei trübsinnige, trübselige Menschen, die sich immer ihrer Kälte wegen angeklagt haben, von ganzem Herzen liebgewonnen haben, und der beste Beweis davon ist wohl, daß wir jetzt mit einander sterben.
Leben Sie wohl, unsre liebe, liebe Freundin, und seien Sie auf Erden, wie es gar wohl möglich ist, recht glücklich! Wir, unsererseits, wollen nichts von den Freuden dieser Welt wissen und träumen lauter himmlische Fluren und Sonnen, in deren Schimmer wir, mit langen Flügeln an den Schultern, umherwandeln werden. Adieu! Einen Kuß von mir, dem Schreiber, an Müller; er soll zuweilen meiner gedenken, und ein rüstiger Streiter Gottes gegen den Teufel Aberwitz bleiben, der die Welt in Banden hält.
Gegeben in der grünen Stube.

*An Marie von Kleist* (Stimmings bei Potsdam, 21. Nov. 1811)

Meine liebste Marie, wenn Du wüßtest, wie der Tod und die Liebe sich abwechseln, um diese letzten Augenblicke meines Lebens mit Blumen, himmlischen und irdischen, zu bekränzen, gewiß Du würdest mich gern sterben lassen. Ach, ich versichre Dich, ich bin ganz selig. Morgens und abends knie ich nieder, was ich nie gekonnt habe, und bete zu Gott; ich kann ihm mein Leben, das allerqualvollste, das je ein Mensch geführt hat, jetzo danken, weil er es mir durch den herrlichsten und wollüstigsten aller Tode vergütigt. Ach, könnt' ich nur etwas für Dich tun, das den herben Schmerz, den ich Dir verursachen werde, mildern könnte! Auf einen Augenblick war es mein Wille mich malen zu lassen; aber alsdann glaubte ich wieder zuviel Unrecht gegen Dich zu haben, als daß mir erlaubt sein könnte vorauszusetzen, mein Bild würde Dir viel Freude machen. Kann es Dich trösten, wenn ich Dir sage, daß ich diese Freundin niemals gegen Dich vertauscht haben würde, wenn sie weiter nichts gewollt hätte, als mit mir leben? Gewiß, meine liebste Marie, so ist es; es hat Augenblicke gegeben, wo ich meiner lieben Freundin, offenherzig, diese Worte gesagt habe. Ach, ich versichre Dich, ich habe Dich so lieb, Du bist mir so überaus teuer und wert, daß ich kaum sagen kann, ich liebe diese liebe vergötterte Freundin mehr als Dich. Der Entschluß, der in ihrer Seele aufging, mit mir zu sterben, zog mich, ich kann Dir nicht sagen, mit welcher unaussprechlichen und unwiderstehlichen Gewalt, an ihre Brust; erinnerst Du Dich wohl, daß ich Dich mehrmals gefragt habe, ob Du mit mir sterben willst? – Aber Du sagtest immer nein – Ein Strudel von nie empfundner Seligkeit hat mich ergriffen, und ich kann Dir nicht

leugnen, daß mir ihr Grab lieber ist als die Betten aller Kaiserinnen der Welt.
Ach, meine teure Freundin, möchte Dich Gott bald abrufen in jene bessere Welt, wo wir uns alle, mit der Liebe der Engel, einander werden ans Herz drücken können.
Adieu.

*An Ulrike von Kleist* Stimmings bei Potsdam, 21. Nov. 1811

Ich kann nicht sterben, ohne mich, zufrieden und heiter, wie ich bin, mit der ganzen Welt, und somit auch, vor allen anderen, meine teuerste Ulrike, mit Dir versöhnt zu haben. Laß sie mich, die strenge Äußerung, die in dem Briefe an die Kleisten enthalten ist, laß sie mich zurücknehmen; wirklich. Du hast an mir getan, ich sage nicht, was in Kräften einer Schwester, sondern in Kräften eines Menschen stand, um mich zu retten: die Wahrheit ist, daß mir auf Erden nicht zu helfen war. Und nun lebe wohl; möge Dir der Himmel einen Tod schenken, nur halb an Freude und unaussprechlicher Heiterkeit dem meinigen gleich: das ist der herzlichste und innigste Wunsch, den ich für Dich aufzubringen weiß. Dein Heinrich.
Stimmings bei Potsdam, d. – am Morgen meines Todes.

## HENRIETTE VOGEL

Geboren 1777, Freitod am 21. 11. 1811, zusammen mit Heinrich von Kleist am Wannsee bei Potsdam. Verheiratet mit Louis Vogel, Rendant der Landwirtschaftskammer in Berlin. Im Obduktionsbericht heißt es: »Es constiret demnach aus diesem Viso reperto, daß denata Vogeln an einem unheilbaren Mutter-Krebs gelitten, und aus Furcht für einem langsam sehr schweren Tod, sich diesen leichten Tod gewählt hat.«

### *An Louis Vogel* Berlin, 20. Nov. 1811

Mein teurer geliebter Louis! Nicht länger kann ich mehr das Leben ertragen, denn es legt sich mir mit eisernen Banden an mein Herz - nenne es Krankheit, Schwäche, oder wie Du es sonst magst, ich weiß es selbst nicht zu nennen - nur so viel weiß ich zu sagen, daß ich meinem Tode als dem größten Glücke entgegensehe; könnte ich Euch doch alle, die ich liebe, mitnehmen, möchtet Ihr doch bald zum ewigen herrlichen Verein folgen, ach! dann bliebe mir ja gar nichts zu wünschen übrig. Kleist, der mein treuer Gefährte im Tode, wie er im Leben war, sein will, wird meine Überkunft besorgen und sich alsdann selbst erschießen.
Weine oder traure nicht, mein vortrefflicher Vogel, denn ich sterbe einen Tod, wie sich wohl wenige Sterbliche erfreuen können gestorben zu sein, da ich von der innigsten Liebe begleitet, die irdische Glückseligkeit mit der ewigen vertausche.
Der Himmel möge Dich, wie unser liebes Paulinchen gnädiglich behüten und Dir, wie dem herrlichen Kinde tausendfältige Freuden bescheren.
Mit unendlicher Wehmut würde ich mich von Euch beiden losreißen, wenn ich nicht erstlich für Dich die höchste Ent-

schädigung (die Du in so großem Maße verdienst) voraussehen dürfte, und zweitens wenn ich nicht die feste Überzeugung hätte, daß Paulinchen unter der Obhut der guten lieben Manitius besser als unter der meinigen gedeihen wird ... Wäre durch die unvorhergesehene Ankunft Hoffmeisters unser Plan nicht vereitelt, so wären Kleist und ich nach Cottbus gereist, um dort fern von unseren hiesigen Bekannten, den vorhabenden Schritt zu tun, und alsdann hätten wir einen Boten nach Auras (bei Drebkau) an H(offmeister) geschickt, um als Freund die letzten Besorgungen für uns zu übernehmen; da dies nun aber nicht hat sein können, so verzeih mir die Unwahrheit, die ich Dir, bester guter Vogel, in Absicht der Potsdamer Reise gesagt habe, weil es mir ganz notwendig schien, daß Dir die erste Nachricht von unserem Tode, durch Freundes Hand käme. Meinen herrlichen alten Vater wirst Du gewiß nicht verlassen und ihm durch Deine Freundlichkeit die Stelle seines Kindes ersetzen.
Nun mein teurer Louis, tausendmal küsse ich Dich, meine Pauline und den geliebten Vater noch zum Abschied, meine guten Wünsche mögen Euch alle begleiten, und wenn von dorther die Geister sich in Freiheit durch die unermessenen Räume schwingen können, so darf ich Dich wohl nicht erst versichern, wie unsere Geister alles Übel von Deiner noch übrigen Lebensbahn wenden werden. Gott segne Paulinchen, mein liebes teures Kind, und gebe, daß ihr kleines Herz der Milde und Güte sich ganz öffnen möge, damit sie ganz das Ebenbild ihres liebenswürdigen Vaters werde, auch zweifele ich nun nicht länger an ihrem Fleiß und Ordnung, denn wirklich ist sie hierin in der letzten Zeit viel mehr als sonst zu loben gewesen.... Wenn es irgend möglich ist, erspare ja dem Vater und Paulinchen, *bei der es vorzüglich leicht zu machen ist,* den Schreck ...

Die Großmut meines Freundes, womit er *alles* und sogar sein *eigenes Leben* für mich aufopfert, was aber noch weit mehr, als alles dies sagen will, die *Zusicherung,* mich selbst, nach *meinem Wunsch* zu töten, die derselbe mir gegeben, macht, daß ich nichts sehnlicher wünsche, als daß er nun auch im Tode nicht von mir getrennt werde.
Du mein werter Louis wirst mir diese meine letzte Bitte gewiß nicht abschlagen, und die Gefühle der heiligsten Liebe ehren.

*An Ernst Friedrich von Peguilhin* (21. 11. 1811)

Mein sehr werter Freund! Ihrer Freundschaft, die Sie für mich bis dahin immer so treu bewiesen, ist es vorbehalten, eine wunderbare Probe zu bestehen, denn wir beide, nämlich der bekannte Kleist und ich, befinden uns hier bei Stimmings auf dem Wege nach Potsdam, in einem sehr unbeholfenen Zustande, indem wir erschossen daliegen, und nun der Güte eines wohlwollenden Freundes entgegensehn, um unsre gebrechliche Hülle der sicheren Burg der Erde zu übergeben. Suchen Sie, liebster Peguilhen, diesen Abend hier einzutreffen und alles so zu veranstalten, daß mein guter Vogel möglichst wenig dadurch erschreckt wird; diesen Abend oder Nacht wollte Louis seinen Wagen nach Potsdam (schicken), um mich von dort, wo ich vorgab hinzureisen, abholen zu lassen; dies möchte ich Ihnen zur Nachricht sagen, damit Sie die besten Maßregeln darnach treffen können. Grüßen Sie Ihre von mir herzlich geliebte Frau und Tochter viel tausendmal, und seien Sie, teurer Freund, überzeugt, daß Ihre und Ihrer Angehörigen Liebe und Freundschaft mir noch im letzten Augenblick meines Lebens die größte Freude macht. Ihre A. Vogel.

Ein kleines versiegeltes schwarzes ledernes Felleisen, und einen versiegelten Kasten, worin noch Nachrichten für Vogel, Briefe, Geld, Kleidungsstücke, auch Bücher vorhanden, werden Sie bei Stimmings finden. Für die darin befindlichen 10 Rth Courant wünschte ich eine recht schöne blaßgraue Tasse, inwendig vergoldet, mit einer goldenen Arabeske auf weißem Grunde zum Rand, und am Oberkopf im weißen Felde meinen Vornamen, die Fasson, wie sie jetzt am modernsten ist. Wenn Sie sich dieser Kommission halber an Buchhalter Meves auf der Porzellanfabrik wendeten, mit dem Bedeuten, diese Tasse am Weihnachts-Heiligabend Louis eingepackt zuzuschicken, doch würden Sie, mein lieber Freund, mit der Bestellung eilen müssen, weil sie sonst nicht fertig werden möchte. Leben Sie wohl und glücklich. Einen kleinen Schlüssel werden Sie noch eingesiegelt im Kasten finden, er gehört zum Vorhängeschloß des einen Koffers zu Hause bei Vogel, worin noch mehrere Briefe und andre Sachen zum besorgen liegen.

Zusatz von Heinrich von Kleist:
Ich kann wohl Ihre Freundschaft auch, mein liebster Peguilhin, für einige kleine Gefälligkeiten in Anspruch nehmen. Ich habe nämlich vergessen, meinen Barbier für den laufenden Monat zu bezahlen, und bitte, ihm 1 Rth a 1/3 C zu geben, die Sie eingewickelt in dem Kasten der Mad. Vogel finden werden. Die Vogeln sagt mir eben, daß sie den Kasten aufbrechen und alle Kommissionen, die sich darin befinden, besorgen möchten: damit Vogel nicht gleich damit behelligt würde – Endlich bitte ich noch, das ganze, kleine, schwarzlederne Felleisen, das mir gehört, mit Ausnahme der Sachen, die etwa zu meiner Bestattung gebraucht werden möchten, meinem Wirth, dem Quartiermeister Müller,

Mauerstraße N. 53. als einen kleinen Dank für seine gute Aufnahme und Bewirtung zu schenken.
Leben Sie recht wohl, mein liebster Peguilhin; meinen Abschiedsgruß und Empfehlung an Ihre vortreffliche Frau und Tochter.
H. v. Kleist

man sagt hier den 21 t Nov.; wir wissen aber nicht, ob es wahr ist.

N.S. In dem Koffer der Mad. Vogel, der in Berlin in ihrem Hause in der Gesindestube mit messingnem Vorlegeschloß steht, und wozu der kleine versiegelte Schlüssel, der hier im Kasten liegt, paßt - in diesem Koffer befinden sich drei Briefe von mir, die ich Sie noch herzlichst zu besorgen bitte.
Nämlich:

1) Einen Brief an die Hofräthin Müller, nach Wien.
2) Einen Brief an meinen Bruder Leopold nach Stolpe, welche beide mit der Post zu besorgen sind (der erstere kann vielleicht durch den guten Brillen Voß spediert werden); und
3) Einen Brief, an Fr. v. Kleist, geb. v. Gualtieri, welchen ich dem Major v. Below, Gouverneur des Prinzen Friedrich von Hessen, auf dem Schlosse, abzugeben bitte.
   Endlich liegt
4) noch ein Brief an Fr. v. Kleist, in den hiesigen Kasten der Mad. Vogel, welchen ich gleichfalls und zu gleicher Zeit, an den Major v. Below, abzugeben bitte.
   Adieu!

N.S.
Kommen Sie recht bald zu Stimmings hinaus, mein liebster Peguilhin, damit Sie uns bestatten können. Die Kosten, was mich betrifft, werden Ihnen von Frankfurt aus, von meiner Schwester Ulrike wieder erstattet werden.

Die Vogeln bemerkt noch, daß zu dem Koffer mit dem messingnem Vorhängeschloß, der in Berlin, in ihrer Gesindestube steht, und worin viele Kommissionen sind, der Schlüssel hier versiegelt in dem hölzernen Kasten liegt. Ich glaube ich habe dies schon einmal geschrieben, aber die Vogel besteht darauf, daß ich es noch einmal schreibe.

H. v. Kl.

# MARIA LUX

Geboren 1789, Freitod im Mai 1814. Tochter jenes Adam Lux, der während der Französischen Revolution als Mainzer Deputierter nach Paris gekommen war und dort Charlotte Corday, die junge Mörderin Marats, gesehen hatte. Zweimal. Einmal vor Gericht und einmal auf dem Schafott. Desillusioniert von der Wirklichkeit der Revolution, hatte er eine Broschüre verfaßt, in der er zu sterben verlangte, um mit Charlotte Corday vereint zu sein. Daraufhin war er guillotiniert worden. Das war 1793. Maria Lux muß damals vier Jahre alt gewesen sein. Vielleicht ist sie ohne Vater aufgewachsen. Auf jeden Fall überschüttete sie den fünfundzwanzig Jahre älteren und längst verheirateten Dichter Jean Paul, den sie nie gesehen hatte, mit Liebesbriefen, in denen sie ihn ihren »teuersten Menschenfreund und Vater« nannte. Jean Paul ließ sich diese Verehrung gefallen, und als sie sich eine Locke von ihm erbat, schickte er sie ihr mit der Bemerkung, er habe sie sich von seiner Glatze schneiden lassen. Nach dem Tod ihrer Mutter und der Verlobung ihrer Schwester ertränkte sie sich im Rhein.

## *An Jean Paul* (Mai 1814)

Zürnen Sie nicht, teuerster Vater, noch diese Zeilen von Ihrer unglücklichen Maria zu empfangen. Ich kann es nicht ertragen, daß Sie mich noch für lebendig halten, wenn ich tot bin. Meine Mutter ist vor zwei Monaten gestorben. Sie litt es gern, daß ich ihr nachfolge, aber sie bat mich, vorher alles zu ordnen, für meine Schwester zu sorgen und sie nicht in den Schreckenszeiten des Krieges zu verlassen. Diese sind nun vorbei, und ihre Existenz ist gesichert. Ich habe alles getan, was ich konnte und eile, von einer Welt endlich wegzukommen, wo ich so unbegreiflich fehlen mußte, wo das heißeste Streben nach dem Besten so vergeblich war, wo ich seit meinen törichten Briefen an Sie aus einer Verzweifelung in die andere überging. Ach, es wird im großen Universum doch noch einen Ort geben, wo ich mich erholen und endlich wieder sein kann, wie ich sein will. Ich habe genug gelitten; ich darf sterben. Ich getraue mir aber kein Wort mehr an Sie zu schreiben als dies, daß die, die so schrieb, gewiß tot ist, wenn Sie dies lesen, und daß Sie darüber sich freuen sollten ... Mich aber verachten Sie nicht gar zu sehr, sondern geben es zu, wenn ich Ihren Kindern, an die ich ohne heiße Tränen nicht denken kann, weil sie so glücklich sind, ein kleines Geschenk schicke. Sagen Sie ihnen aber nicht, woher es kommt, ich möchte gern ganz vergessen sein und unbemerkt verschwinden. Niemand hat durch mich meine Geschichte erfahren, und ich habe alle Bücher und alle Tagebücher verbrannt. Nur Ihre Locke nicht. Sie bleibt an meinem Halse, und ich nehme sie mit. Oh, leben Sie wohl, unvergeßlich lieber Vater. Ach, daß es so mit mir werden mußte! Mein unglücklicher Geist wird Sie umschweben so lange, bis Sie ihn wieder aufgenommen und mit sich nehmen. Oh, dürfte ich Ihnen ein Zeichen geben, Ihnen höhere Kundschaft bringen ...

Maria

## GEORGE SAND
### Aurore Dupin

Geboren am 1. 7. 1804 in Paris, gestorben am 8. 6. 1876 auf Nohant. Aufgewachsen im Zwiespalt: die Mutter eine lebenslustige Vogelhändlerstochter, die Großmutter eine Aristokratin, der von Mutter und Großmutter heiß umkämpfte Vater tot, vom Pferd gestürzt, als sie vier Jahre alt war. Klosterschule. Heirat mit dem derben Baron de Dudevant. Scheidung. Aurore de Dudevant geborene Dupin ging nach Paris und begann unter dem Pseudonym George Sand zu schreiben. Begeisterte Aufnahme ihrer Romane, in denen sie sich für freie Liebe, die Emanzipation der Frau und soziale Gerechtigkeit einsetzte. Sie war Ende Zwanzig, als das Liebesverhältnis mit dem sechs Jahre jüngeren Alfred de Musset begann. Gemeinsame Reise nach Italien. Szenen. George Sand wurde krank. Musset tobte sich außer Hause aus. Szenen. Musset wurde krank. Sie ließ Doktor Pagello kommen. Begann ein Liebesverhältnis mit ihm. Trennung von Musset. Zusammenleben mit Pietro (im Brief Pierre) Pagello. Rückkehr nach Paris. Versöhnung mit Musset. Eifersucht. Szenen. Trennung. Versöhnung. Trennung. Versöhnung. Endgültige Trennung ein Jahr nach dem folgenden Brief.

*An Alfred de Musset* (Paris, Ende Oktober 1834)

Ich war mir ganz sicher, daß diese Vorwürfe am Tag nach dem erträumten und versprochenen Glück kommen würden, und daß Du bei mir ein Verbrechen nennen würdest, was Du für Dich als Dein Recht betrachtest. Sind wir schon so weit, mein Gott! Nun gut, gehen wir nicht noch weiter, laß mich fort. Gestern wollte ich es. Es war ein ewiger Abschied, den ich bei mir beschlossen hatte. Erinnere Dich an Deine Verzweiflung und an alles, was Du mir gesagt hast, um mich glauben zu machen, daß Du mich brauchst, daß Du ohne mich verloren seist. Und wieder einmal war ich töricht genug, Dich retten zu wollen, aber Du bist noch hoffnungsloser verloren als früher, weil Du, kaum befriedigt, Deine

Verzweiflung und Deine Wut gegen mich kehrst. Was soll ich tun! Mein Gott, ich habe genug vom Leben! Was willst Du jetzt, was verlangst Du? Fragen, Verdächtigungen, Vorwürfe, schon jetzt, schon jetzt! Und warum sprichst Du mir von Pierre, wo ich Dir doch verboten habe, mir jemals wieder von ihm zu sprechen? Und mit welchem Recht fragst Du mich über Venedig aus? War ich in Venedig Dein? Warst Du nicht, vom ersten Tag an, als Du mich krank sahst, schlechter Laune, sagtest Du nicht, eine kranke Frau sei sehr langweilig und triste? Begann unser Bruch nicht mit dem ersten Tag? Mein Kind, ich will Dich nicht meinerseits beschuldigen, aber Du mußt Dich doch daran erinnern, Du, der die Tatsachen so leicht vergißt. Ich will Dir Dein Unrecht nicht vorhalten. Niemals hast Du auch nur das Wort von mir gehört, niemals habe ich mich beklagt, daß Du mich meinen Kindern, meinen Freunden, meiner Arbeit, meinen Neigungen und meinen Pflichten entrissen hast, um mich 300 Meilen weit fort zu führen und mich dann mit so verletzenden, beleidigenden Worten zu verlassen, und das nur aus dem einen Grund, weil ich ein Wechselfieber und matte Augen hatte, und eine tiefe Traurigkeit, in die mich Deine Gleichgültigkeit gestürzt hatte. Ich habe mich nie beklagt, ich habe Dir meine Tränen verborgen – und dieses schreckliche Wort wurde an einem Abend, den ich nie vergessen werde, im Casino des Hotel Danieli ausgesprochen: »George, ich habe mich geirrt, verzeih mir, aber *ich liebe Dich nicht.*« Wäre ich nicht krank gewesen, hätte man mich nicht am nächsten Morgen zur Ader lassen müssen, wäre ich abgereist. Aber Du hattest kein Geld, ich wußte nicht, ob Du von mir welches annehmen würdest, und ich wollte, ich konnte Dich nicht allein und ohne Geld zurücklassen, in einem fremden Land, dessen Sprache Du nicht verstehst.

Damals wurde die Tür zwischen unseren Zimmern geschlossen, und wir versuchten, wieder wie zwei gute Kameraden zu leben, wie früher, aber es war nicht mehr möglich. Du langweiltest Dich. Ich wußte nicht, wie Du Deine Abende zubrachtest, und eines Tages sagtest Du zu mir, Du fürchtetest, eine üble Krankheit zu haben. Wir waren bedrückt. Ich sagte Dir: »*Reisen wir ab,* ich werde Dich nach Marseille zurückbringen.« Und Du antwortetest: »Ja, das ist das beste, aber ich möchte hier ein wenig arbeiten, da wir schon hier sind.« Pierre kam und pflegte mich. Du dachtest nicht einmal daran, eifersüchtig zu sein, und gewiß dachte ich nicht daran, ihn zu lieben. Aber wenn ich ihn von diesem Augenblick an geliebt hätte, wenn ich von da an sein gewesen wäre, willst Du mir sagen, welche Rechenschaft ich Dir hätte darüber ablegen müssen, Dir, der mich die Langeweile in Person, die Träumerin, die Dumme, die Nonne, was weiß ich nannte? Du hattest mich verletzt und beleidigt, und ich hatte Dir auch gesagt: *»Wir lieben uns nicht mehr, wir haben uns nie geliebt.«*

Und nun also willst Du Tag für Tag und Stunde für Stunde den Bericht meiner Beziehung zu Pierre, und ich gestehe Dir nicht das Recht zu, mich auszufragen. Ich würde mich erniedrigen, wenn ich mir die Beichte abnehmen ließe wie eine Frau, die Dich betrogen hat. Nimm an, was immer Du magst, wenn Du uns quälen willst, ich habe Dir nur eines zu entgegnen: »Nicht am ersten Tag habe ich Pierre geliebt, und selbst nach Deiner Abreise, nachdem ich Dir gesagt hatte, daß ich ihn *vielleicht* liebte und daß dies *mein Geheimnis sei und daß ich nun, da ich nicht mehr Dein sei, mich ihm hingeben könne, ohne Dir Rechenschaft schuldig zu sein,* fanden sich in seinem Leben, seinem eigenen, in seinen schlecht gelösten Bindungen an seine ehemaligen Geliebten, lächerliche und unangenehme Situationen, die mich zögern ließen, mich durch *irgendwelche* vorausgegangenen Geschehnisse als gebunden zu betrachten. Es gab also von meiner Seite eine Aufrichtigkeit, an die Du Dich erinnern mußt, und die Deine Briefe beglaubigen. Ich habe Dir in Venedig nicht erlaubt, mich die kleinste Einzelheit abzufragen, ob wir uns an einem bestimmten Tag auf das Auge oder die Stirn geküßt hätten, und ich verbiete Dir, in eine Phase meines Lebens einzudringen, in der ich das Recht hatte, mich gegen Dich wieder in den Schleier der Schamhaftigkeit einzuhüllen. Die Zeit, in der wir wieder Bruder und Schwester wurden, war keusch wie die wahrhafte Brüderlichkeit, und nun, da ich aufs Neue Deine Geliebte werde, darfst Du mir diese Schleier nicht vom Leib reißen, in die ich um meinet und um Pierres willen gehüllt bleiben muß. Glaubst Du, ich hätte ihm geantwortet, wenn er mich nach unseren Bettgeheimnissen gefragt hätte? Glaubst Du, mein Bruder hätte den schlechten Geschmack gehabt, mich über Dich auszufragen? – Aber Du bist nicht mehr mein Bruder, sagst Du? Mein Gott, hast Du nicht meinen Widerwillen gespürt, diese verhängnisvolle Beziehung wiederaufzunehmen? Habe ich Dir nicht vorausgesagt, was mit uns geschehen wird? Habe ich nicht vorausgesehen, daß Du unter dieser Vergangenheit leiden würdest, die Dich berauschte wie ein schönes Gedicht, solange ich mich Dir verweigerte, und die Dir nun wie ein Alptraum erscheint, jetzt, wo Du mich gepackt hast wie eine Beute? Siehst Du, Du mußt mich ziehen lassen, wir werden sonst unglücklicher werden denn je. Wenn ich leichtfertig und treulos bin, wie Du vorgibst, warum willst Du mich dann unbedingt wiederhaben und behalten. Ich wollte nicht mehr lieben, ich hatte zu viel gelitten. Ach, wäre ich eine Kokette, ich wäre weniger unglücklich. Ich könnte Dich belügen, Dir sagen: »Ich habe Pierre nie geliebt, ich habe ihm nie angehört.« Wer könnte mich hindern, Dir das einzureden. Nur weil ich aufrichtig war, leidest Du Qualen. Man kann sich also nicht lieben, in der Lage, in der wir sind, und alles, was ich getan habe, um zur Freundschaft zurückzukehren, war vergebens! Was wird uns dann bleiben, mein Gott, von einer Bindung, die uns einmal so schön erschien! Weder Liebe noch Freundschaft! Mein Gott.

## FJODOR M. DOSTOJEWSKI

Geboren am 11. 11. 1821 in Moskau, gestorben am 9. 2. 1881 in Petersburg. Aus verarmtem Adelsgeschlecht. Die Mutter starb, als er fünfzehn war, der Vater zwei Jahre später. Er besuchte die Petersburger Militärschule und veröffentlichte als Vierundzwanzigjähriger seinen ersten Roman, »Arme Leute«, der begeistert aufgenommen wurde. Er war Ende Zwanzig, als er, wegen Beteiligung an den Treffen eines revolutionären Zirkels, verhaftet und zum Tode verurteilt wurde. Daß die Todesstrafe in vier Jahre Katorga (Zwangsarbeit in Ketten) mit anschließender Verbannung und Dienst als gemeiner Soldat umgewandelt worden war, erfuhren er und die anderen »Verschwörer« erst auf dem Richtplatz. Man hatte ihnen einen Schreck einjagen wollen. Jahre später hat Dostojewski diese Erfahrung in seinem Roman »Der Idiot« verarbeitet. Von seinem Bruder Michail Michailowitsch, von dem er sich vor dem Abtransport nach Sibirien mit dem folgenden Brief verabschiedet, sollte er jahrelang nichts mehr hören.

### *An seinen Bruder Michail Michailowitsch*

(Petersburg, Peter-Pauls-Festung,) 22. Dezember 1849

Bruder, mein lieber Freund! alles ist entschieden! Ich bin zu 4 Jahren Zwangsarbeit auf einer Festung (wahrscheinlich Orenburg) verurteilt worden und muß anschließend als Gemeiner dienen. Heute, am 22. Dezember, hat man uns auf den Semjonow-Platz geführt. Dort wurde uns allen das Todesurteil verlesen, man ließ uns das Kreuz küssen, zerbrach über unseren Köpfen die Degen und kleidete uns für die Hinrichtung an (weiße Hemden). Dann stellte man drei zur Vollstreckung des Urteils an den Pfahl. Wir wurden in Gruppen zu je drei aufgerufen, ich war also in der zweiten an der Reihe, und mir blieb kaum noch eine Minute zum Leben. Ich habe an Dich, Bruder, und an die Deinen gedacht; in

dieser letzten Minute warst Du, Bruder, Du allein in meinen Gedanken, und erst hier wurde mir bewußt, wie sehr ich Dich, mein teurer Bruder, liebe! Mir blieb auch Zeit, Pleschtschejew und Durow zu umarmen, die neben mir standen, und von ihnen Abschied zu nehmen. Endlich wurde zum Abbruch getrommelt, die an den Pfahl Gebundenen wurden zurückgeführt, und man verlas uns, daß Seine Kaiserliche Majestät uns das Leben schenke. Dann folgten die wirklichen Urteile. Nur Palm ist begnadigt, man nahm ihn in seinem früheren Dienstgrad zur Armee.
Gerade habe ich erfahren, lieber Bruder, daß wir uns heute oder morgen in Marsch setzen. Ich bat darum, Dich sehen zu dürfen. Aber man sagte mir, das sei unmöglich; ich kann Dir nur diesen Brief schreiben, antworte mir so schnell wie möglich auf ihn. Ich fürchte, Dir ist unser Urteil (zum Tode) irgendwie zu Ohren gekommen. Aus den Fenstern der Kutsche, die uns zum Semjonow-Platz brachte, sah ich eine große Menschenmenge; vielleicht war die Nachricht auch schon zu Dir gedrungen, und Du hast meinetwegen gelitten. Nun wirst Du erleichtert sein. Bruder! Ich bin nicht verzagt und habe den Mut nicht verloren. Leben bedeutet überall Leben, das Leben ist in uns selbst und nicht im Äußerlichen. Ich werde Menschen neben mir haben, und unter Menschen *Mensch* zu sein und für immer zu bleiben, den Mut nicht zu verlieren und sich vom Unglück, so groß es auch sein mag, nicht unterkriegen zu lassen – das ist der Sinn des Lebens und die Aufgabe. Das habe ich begriffen. Dieser Gedanke ist mir in Fleisch und Blut übergegangen. Ja! wahrlich! Jener Kopf, der Schöpfer war, der dem höheren Leben der Kunst lebte, der höchsten geistigen Anforderungen gewachsen und mit ihnen vertraut war, jener Kopf ist mir längst von den Schultern getrennt. Geblieben sind mir Erin-

nerungen und Gestalten, die ich geplant, aber noch nicht mit Leben erfüllt habe. Sie sind in der Tat wie eiternde Wunden! Doch mir ist das Herz geblieben und das gleiche Fleisch und Blut, das ebenso zu lieben und zu leiden, Mitleid zu hegen und sich zu erinnern vermag, und das macht trotz allem das Leben aus. *On voit le soleil!* Nun leb wohl, Bruder! Sei meinetwegen nicht traurig! Jetzt zu materiellen Dingen: meine Bücher (die Bibel konnte ich behalten), einige Manuskriptblätter, Entwürfe zu einem Drama und einem Roman (auch die abgeschlossene Erzählung *Ein Kindermärchen*) sind mir abgenommen worden und werden aller Wahrscheinlichkeit nach Dir ausgehändigt. Meinen Mantel und den alten Rock lasse ich auch zurück, wenn Du jemanden schickst, sie abzuholen. Nun, Bruder, werde ich wohl einen weiten Weg mit dem Transport vor mir haben. Ich brauche Geld. Lieber Bruder, wenn Du diesen Brief erhältst und es eine Möglichkeit gibt, wenigstens etwas Geld aufzutreiben, dann schicke es mir sofort. Geld ist für mich jetzt (eines besonderen Umstandes wegen) nötiger als Luft. Schreib mir auch ein paar Zeilen. Wenn dann die Gelder aus Moskau eintreffen – setz Dich für mich ein und laß mich nicht im Stich. Nun, das ist alles! Ich habe Schulden, doch was soll ich mit ihnen machen? . . .
Küsse Deine Frau und die Kinder. Bring mich ihnen in Erinnerung; sorge dafür, daß sie mich nicht vergessen. Vielleicht werden wir uns irgendwann wiedersehen?! Bruder, gib acht auf Dich und Deine Familie, verhalte Dich ruhig und umsichtig. Denk an die Zukunft Deiner Kinder . . . Führe ein vernünftiges Leben. Noch niemals habe ich in mir ein so reichhaltiges und kraftvolles Reservoir an geistiger Substanz gespürt wie jetzt. Doch ob der Körper das aushalten wird: ich weiß nicht. Ich trete den Transport krank an, ich

habe Skrofulose. Aber vielleicht habe ich Glück! Bruder, ich habe schon so viel durchgemacht im Leben, daß mich jetzt kaum noch etwas schrecken kann. Komme, was kommen mag! Bei der ersten Gelegenheit werde ich Dir Nachricht von mir zukommen lassen. Übermittle den Maikows meinen letzten Abschiedsgruß. Sag ihnen meinen Dank für ihre stete Anteilnahme an meinem Schicksal. Sag in meinem Namen Jewgenija Petrowna einige möglichst herzliche Worte, was Dir Dein Herz eingibt. Ich wünsche ihr viel Glück und werde ihrer immer in dankbarer Verehrung gedenken. Drücke Nikolai Apollonowitsch und Apollon Maikow und allen anderen die Hand. Suche Janowski auf. Drück seine Hand und danke ihm. Schließlich allen, die mich nicht vergessen haben. Und bring mich denen, die mich vergessen haben, in Erinnerung. Küsse Bruder Kolja. Schreibe Bruder Andrej einen Brief und informiere ihn über mich. Schreib auch dem Onkel und der Tante. Das bitte ich Dich für mich zu tun, und grüß sie ehrerbietig in meinem Namen. Schreibe an die Schwestern: ihnen wünsche ich Glück!
Doch vielleicht werden wir uns auch wiedersehen, Bruder. Gib auf Dich acht und bleib um Gottes willen am Leben, bis wir wieder beisammen sind. Möglicherweise können wir uns irgendwann umarmen und uns unserer jungen, unserer vergangenen goldenen Jahre erinnern, unserer Jugend und unserer Hoffnungen, die ich in diesem Augenblick aus meinem blutenden Herzen reiße und begrabe.
Werde ich denn nie wieder eine Feder in die Hand nehmen? Ich glaube, es wird in 4 Jahren möglich sein. Ich werde Dir alles schicken, was ich schreibe, falls ich etwas schreibe. Mein Gott! Wie viele Gestalten, die ich erlebt und erschaffen habe, werden zugrunde gehen, verlöschen in meinem Gehirn oder sich als Gift in mein Blut ergießen! Ja, wenn es

mir nicht erlaubt sein wird zu schreiben, komme ich um. Lieber fünfzehn Jahre Haft, aber mit der Feder in der Hand! Schreib mir häufiger, schreib eingehender, mehr und ausführlicher. Geh in jedem Brief auf familiäre Einzelheiten, auch Geringfügigkeiten ein, vergiß das nicht. Daraus schöpfe ich Hoffnung und Leben. Wenn Du wüßtest, welchen Auftrieb mir Deine Briefe hier in den Kasematten gegeben haben. Diese zweieinhalb Monate (die letzten), in denen mir jegliche Korrespondenz verboten war, sind sehr schwer für mich gewesen. Das hat mich krank gemacht. Daß Du mir von Zeit zu Zeit kein Geld schicken konntest, hat mir Sorge um Dich bereitet; ich wußte Dich selbst in großer Not! Küsse nochmals die Kinder; ihre lieben Gesichtchen gehen mir nicht aus dem Sinn. Ach, mögen sie doch glücklich werden! Sei auch Du glücklich, Bruder, sei glücklich!
Doch, um Gottes willen, trauere nicht um mich! Wisse, daß ich nicht verzagt bin, denk daran, daß ich die Hoffnung nicht aufgegeben habe. In vier Jahren wird mein Schicksal wieder leichter. Dann werde ich Soldat sein – also kein Häftling mehr, und sei gewiß, daß ich Dich irgendwann wieder umarmen werde. Denn ich habe doch heute eine dreiviertel Stunde lang dem Tod gegenübergestanden, habe den letzten Augenblick meines Daseins erlebt und beginne jetzt noch einmal zu leben!
Wenn mich einer in schlechter Erinnerung hat, wenn ich mit jemandem im Streit lag oder einen negativen Eindruck auf jemanden gemacht habe, dann sag ihnen, falls Du ihnen begegnest, sie mögen es vergessen. In meiner Seele ist keine Spur von Galle oder Ärger, ich würde in diesem Augenblick jeden, wer es auch sei, so gern lieben und umarmen. Das ist ein beglückendes Gefühl, ich habe es heute erfahren, als ich vor dem Tode von meinen Lieben Abschied nahm. Ich

dachte in dieser Minute, die Nachricht von meiner Hinrichtung werde Dich töten. Doch nun kannst Du beruhigt sein, ich bin am Leben und werde in Zukunft von dem Gedanken beseelt sein, Dich wieder zu umarmen. Ich habe jetzt nur das im Sinn.
Was machst Du eigentlich? Woran hast Du heute gedacht? Weißt Du von uns? Wie kalt es heute war!
Ach, wenn Du doch meinen Brief bald erhieltest. Andernfalls werde ich vier Monate ohne Nachricht von Dir sein. Ich habe die Päckchen gesehen, mit denen Du mir während der letzten zwei Monate Geld geschickt hast; die Adresse war von Deiner Hand geschrieben, und ich war froh, daß Du gesund bist.
Wenn ich auf die Vergangenheit zurückblicke und mir überlege, wieviel Zeit vergeudet worden ist, wieviel die Irrwege, Fehler, der Müßiggang und das Unvermögen zu leben gekostet haben; wie gering mir der Wert der Zeit schien, wie oft ich gegen mein Herz und meinen Geist gesündigt habe – so blutet mir das Herz. Das Leben ist ein Geschenk, das Leben ist Glück, jede Minute hätte eine Ewigkeit Glück bedeuten können. *Si jeunesse savait!* Nun, da sich mein Leben verändert hat, werde ich auf neue Weise wiedergeboren. Bruder! Ich schwöre Dir, die Hoffnung nicht zu verlieren, mir Geist und Herz in Reinheit zu bewahren. Ich werde ein Besserer werden. Darin liegt meine ganze Hoffnung, mein ganzer Trost!
Das Leben in den Kasematten hat die nicht ganz reinen fleischlichen Bedürfnisse in mir schon zur Genüge abgetötet; früher habe ich wenig auf mich geachtet. Nun machen mir auch Entbehrungen nichts mehr aus, und deshalb fürchte nicht, daß materielle Not mich umbringt. Das ist unmöglich! Ach! wenn ich nur gesund bleibe!

Leb wohl, Bruder, leb wohl! Irgendwann werde ich Dir wieder schreiben! Du wirst von mir einen möglichst ausführlichen Bericht über meine Reise bekommen. - Wenn ich nur gesund bleibe, wird alles andere gut werden!
Nun leb wohl, leb wohl, Bruder! Ich umarme Dich fest und küsse Dich innig. Gedenke meiner ohne Gram im Herzen. Trauere bitte nicht um mich! Im nächsten Brief werde ich Dir berichten, wie ich lebe. Denk daran, was ich Dir gesagt habe: geh bedachtsam mit Deinem Leben um, vergeude es nicht, forme Dein Schicksal, denk an die Kinder. - Oh, wann, wann werde ich Dich wiedersehen! Leb wohl! Nun reiße ich mich von allem los, was mir lieb war; es tut weh, es zu verlassen! Es schmerzt, sich teilen und sein Herz zerreißen zu müssen. Leb wohl! Leb wohl! Aber ich werde Dich wiedersehen, dessen bin ich gewiß, ich hoffe es, bleib, wie Du bist, liebe mich und laß Dein Gedächtnis nicht erkalten. Der Gedanke an Deine Liebe wird der beste Teil meines Lebens sein. Leb wohl, nochmals leb wohl! Lebt alle wohl!

Dein Bruder Fjodor Dostojewski

22. Dezember 49

Man hat mir bei der Verhaftung einige Bücher abgenommen. Darunter waren nur zwei verbotene. Kannst Du die übrigen nicht für Dich bekommen? Dazu eine Bitte: eines dieser Bücher war das *Werk Walerian Maikows,* seine Kritiken - das Exemplar von Jewgenija Petrowna. Sie hat es mir als eine Kostbarkeit geliehen. Bei der Verhaftung habe ich einem Gendarmerieoffizier ihre Adresse gegeben mit der Bittc, cs ihr zurückzugeben. Ich weiß nicht, ob das geschehen ist. Nimm Dich der Sache an! Ich will ihr diese Erinnerung nicht nehmen. Leb wohl, nochmals lebe wohl.

Dein F. Dostojewski

Ich weiß nicht, ob ich den Weg zu Fuß zurücklegen oder fahren werde. Wahrscheinlich werde ich fahren. Vielleicht habe ich Glück.
Drücke noch einmal Emilia Fjodorownas Hand und küsse die Kinderchen.
Grüße Krajewski; vielleicht ...
Berichte mir ausführlich von Deiner Festnahme, der Haft und der Freilassung.

[Auf der Rückseite]
Auf dem Newski-Prospekt, gegenüber der Grjasnaja, im Hause Neslind.

## CHARLES DICKENS

Geboren am 7. 2. 1812 in Landport bei Portsmouth, gestorben am 9. 6. 1870 in Gadshill. Jugend in ärmlichen Verhältnissen. Advokatenschreiber, Parlamentsberichterstatter, später freier Schriftsteller. Begründer des sozialen Romans (»Oliver Twist«, »David Copperfield«). Er hatte zehn Kinder, die er zum Teil nach seinen Freunden unter den zeitgenössischen Literaten benannte. Einige seiner Söhne gingen in die Kolonien - Walter Landor mit der Armee nach Indien, wo er 1863 in Kalkutta starb, Alfred Tennyson nach Australien. 1868 brach auch Dickens jüngster Sohn, Edward Bulwer Lytton, damals sechzehn Jahre alt, nach Australien auf. Als Dickens den folgenden Abschiedsbrief schrieb, mußte er davon ausgehen, daß er seinen Sohn nicht mehr wiedersehen würde.

*An Edward Bulwer Lytton Dickens* September 1868

Ich schreibe Dir dies heute, weil Deine Abreise mich so beschäftigt und ich möchte, daß Du ein paar Abschiedsworte von mir hast, an die Du hin und wieder denken kannst, wenn Du einen ruhigen Moment hast. Ich brauche Dir nicht zu sagen, daß ich Dich herzlich liebe und die Trennung von Dir mich sehr, sehr schmerzt. Aber das halbe Leben besteht aus Abschieden, und diese Schmerzen müssen getragen werden. Es ist mein Trost und meine ernsthafte Überzeugung, daß Du Dich in dem versuchst, wofür Du am besten geeignet bist. Ich glaube, daß die Freiheit und Wildheit Deines künftigen Lebens Dir angemessener sind, als es jedes Experiment mit Studium oder Büroarbeit gewesen wäre; und ohne eine solche Ausbildung hättest Du keinen anderen passenden Beruf ergreifen können.

Was Dir bis jetzt immer gefehlt hat, war ein festes Ziel. Ich rate Dir also, was auch immer Du zu tun hast, mit Zielstrebigkeit und so gut wie möglich zu tun. Ich war noch nicht so alt wie Du jetzt, als ich zum ersten Mal mein Brot verdienen mußte, und ich habe es mit dieser Zielstrebigkeit getan und darin seither nicht nachgelassen. Übervorteile nie jemanden und sei nie hart zu Menschen, die in Deine Hand gegeben sind. Versuche andere so zu behandeln, wie Du behandelt werden möchtest, und sei nicht entmutigt, wenn sie manchmal fehlen. Es ist viel besser für Dich, wenn sie gegen die Gebote unseres Erlösers verstoßen, als wenn Du das tust. Aus denselben Gründen und mit denselben Hoffnungen, die mich, als Du ein kleiner Junge warst, eine einfache Darstellung des Neuen Testaments für Dich schreiben ließen, habe ich dieses Buch jetzt zu Deinen Büchern gelegt. Weil es das beste in der Welt bekannte Buch ist, das es je gegeben hat oder geben wird; und weil es Dich das Beste lehrt, wovon ein Mensch, der seine Pflicht treu und redlich zu erfüllen versucht, sich leiten lassen kann. Als Deine Brüder einer nach dem anderen fortgegangen sind, habe ich jedem von ihnen ähnliches geschrieben wie Dir jetzt und sie alle gebeten, sich, unabhängig von allen Deutungen und Erfindungen des Menschen, von diesem Buch leiten zu lassen. Du wirst Dich erinnern, daß Du zu Hause nie mit religiösen Betrachtungen oder reinen Formalitäten belästigt worden bist. Ich war immer darauf bedacht, meine Kinder nicht mit solchen Dingen zu ermüden, bevor sie nicht alt genug sind, sich eine Meinung darüber zu bilden. Du wirst deshalb um so besser verstehen, daß ich Dir die Wahrheit und Schönheit der christlichen Religion, wie sie von Christus selber gekommen ist, jetzt feierlich ans Herz lege. Wenn Du sie bescheiden, aber aufrichtig achtest, kannst Du nie weit fehlen. Nur noch eines. Je ernster es uns damit ist, desto weniger machen wir davon her. Halte an der guten Gewohnheit fest, Deine persönlichen Morgen- und Abendgebete zu sagen. Ich habe auch daran festgehalten, und ich weiß, wie tröstlich das sein kann. Ich hoffe, Du wirst im späteren Leben immer sagen können, daß Du einen guten Vater hattest. Du kannst Deine Zuneigung zu ihm nicht besser zeigen oder ihn nicht glücklicher machen als durch die Erfüllung Deiner Pflicht.

# OSCAR WILDE

Geboren am 16. 10. 1854 in Dublin, gestorben am 30. 11. 1900 in Paris. Schrieb gegen die konventionelle bürgerliche Moral gerichtete Gesellschaftskomödien, Märchen, Essays, Erzählungen und den Roman »Das Bildnis des Dorian Gray«. Ästhet, Dandy und verwöhnter Liebling der englischen Gesellschaft, bis er 1895 wegen Homosexualität zu zwei Jahren Zuchthaus verurteilt wurde. Vier Jahre zuvor hatte er Lord Alfred Douglas (»Bosie«) kennengelernt. Stürmisches Liebesverhältnis. Trennungen, Versöhnungen. Als Lord Queensberry, Douglas' Vater, ihn der Homosexualität bezichtigte, ließ er sich hinreißen, einen Haftbefehl gegen ihn zu erwirken. Es kam zum Prozeß. Queensberry wurde freigesprochen, Wilde verhaftet. Nach seiner Entlassung ging er nach Frankreich. Traf »Bosie« wieder. (»Alle sind wütend auf mich, weil ich zu Dir zurückkehre, aber sie verstehen uns nicht.«) Trennung. Versöhnung. Trennung. In der kurzen Zeit, die ihm noch blieb, war Wilde rastlos, in ständiger Geldnot, unterwegs.

*An Lord Alfred Douglas* (Januar bis März 1897)
H. M. Prison, Reading

... Seltsamerweise sah ich mich noch einmal, ich will nicht sagen vor die glückliche Möglichkeit, sondern geradezu vor die Pflicht gestellt, mich von Dir zu trennen. Ich brauche Dich wohl kaum daran zu erinnern, daß ich Dein Benehmen mir gegenüber während unseres Aufenthalts in Brighton vom 10. bis 13. Oktober 1894 meine. Dich über drei Jahre zurückzuerinnern, dürfte Dir schwerfallen. Wir jedoch im Kerker, deren Leben kein Ereignis kennt, nur Gram, wir müssen die Zeit nach dem Pochen des Leids und der Erinnerung an bittere Augenblicke messen. Wir haben sonst nichts, woran wir denken könnten. Das Leid ist – so wunderlich Dir das klingen mag – das Mittel, durch das wir existieren, weil es das einzige Mittel ist, das uns die eigene Existenz noch bewußt macht; und die Erinnerung an frühere Leiden brauchen wir als Gewähr, als Beweis dafür, daß wir noch immer wir selbst sind. Zwischen mir und meinen freudigen Erinnerungen liegt ein Abgrund, der nicht minder tief ist als der Abgrund zwischen mir und den wirklichen Freuden des Daseins. Wäre unser gemeinsames Leben so gewesen, wie die Welt es sich vorstellt, ein Leben in Vergnügungen, Üppigkeit und Freude, dann könnte ich mich an keine Einzelheit mehr erinnern. Weil es aber so viele Augenblicke und Tage gab, die tragisch, bitter und gespenstisch waren mit ihren Anzeichen kommenden Unheils, öde oder qualvoll mit ihren immer wiederkehrenden Auftritten und häßlichen Streitereien, darum sehe oder höre ich jeden einzelnen Vorfall noch heute in aller Schärfe, ja ich sehe oder höre kaum etwas anderes. An diesem Ort lebt man so ausschließlich vom Schmerz, daß meine Freundschaft mit Dir, so wie sie sich meiner Erinnerung aufzwingt, mir immer wie ein stimmiges Präludium zu dem Chor der Angststimmen erscheint, den ich Tag für Tag hören, nein, schlimmer noch: selbst dirigieren muß; als wäre mein Leben, was immer ich selbst und andere darin gesehen haben, die ganze Zeit über eine wahre Symphonie des Schmerzes gewesen, eine Suite rhythmisch verbundener Sätze, die ihrem sicheren Schlußfall mit jener Zwangsläufigkeit zueilen, die in der Kunst für die Behandlung eines jeden großen Themas charakteristisch ist.

Es war die Rede von Deinem Benehmen mir gegenüber an drei aufeinanderfolgenden Tagen vor drei Jahren gewesen, nicht wahr? Ich versuchte, mein letztes Theaterstück in Worthing zu vollenden. Du warst soeben nach Deinem zweiten Besuch dort abgereist. Nun tauchtest Du plötzlich ein drittes Mal auf, und zwar mit einem Begleiter, der nach

Deinem eigenen Vorschlag im Hause wohnen sollte. Ich lehnte entschieden (und wie Du jetzt zugeben mußt, zu recht) ab. Du warst selbstverständlich mein Gast - in dem Punkt hatte ich keine Wahl -, aber nicht in meinem Haus: ich brachte Dich anderswo unter. Am nächsten Tag, einem Montag, kehrte Dein Gefährte zu seinen beruflichen Pflichten zurück, und Du bliebst bei mir. Du findest Worthing langweilig und erst recht meine nutzlosen Versuche, mich auf mein Stück zu konzentrieren, auf das Einzige, was mich im Augenblick wirklich interessierte, und zwingst mich, mit Dir nach Brighton ins Grand Hotel zu übersiedeln. Am Abend unserer Ankunft erkrankst Du an dem gräßlichen, tückischen Fieber, das man fälschlicherweise Influenza nennt. Es war Dein zweiter oder sogar dritter Anfall. Ich brauche Dich nicht daran zu erinnern, wie ich Dich hegte und pflegte, nicht nur mit allem Luxus, den Geld beschaffen kann, Früchte, Blumen, Geschenke, Bücher und dergleichen, sondern auch mit jener Hingabe, Zärtlichkeit und Liebe, die man, wie immer Du darüber denken magst, nicht für Geld bekommt. Nur zu einem einstündigen Spaziergang am Morgen und einer einstündigen Ausfahrt am Nachmittag verließ ich das Hotel. Ich ließ Dir aus London die erlesensten Trauben kommen, denn die Trauben, die es im Hotel gab, mochtest Du nicht, erfand allerlei Zeitvertreib für Dich, blieb bei Dir oder im anstoßenden Zimmer und saß jeden Abend an Deinem Bett, um Dich zu beruhigen oder aufzuheitern.

Nach vier oder fünf Tagen bist Du wieder gesund, und ich miete eine Wohnung, um endlich mein Stück fertigzuschreiben. Selbstverständlich begleitest Du mich. Am Morgen nach unserem Einzug fühle ich mich schwer krank. Du mußt geschäftlich nach London, versprichst aber, nachmittags zurück zu sein. In London triffst Du einen Bekannten und kommst erst am späten Abend des folgenden Tages nach Brighton zurück. Inzwischen habe ich hohes Fieber, und die Ärzte stellen fest, daß ich mir von Dir die Influenza geholt habe. Und die Unterkunft erweist sich als denkbar unbequem für einen Kranken. Mein Wohnzimmer ist im Erdgeschoß, mein Schlafzimmer im zweiten Stock. Es gibt keinen Diener, der eine Handreichung tun, nicht einmal jemand, den man auf einen Botengang oder in die Apotheke schicken könnte. Aber Du bist ja da. Ich brauche mich nicht zu beunruhigen. Die beiden nächsten Tage läßt Du mich ohne Pflege, ohne Bedienung, ohne alles. Es ging nicht um Trauben, Blumen und reizende Geschenke: es ging um das Allernötigste: ich konnte nicht einmal die Milch bekommen, die der Arzt mir verordnet hatte: Zitronenwasser war angeblich nicht zu haben: und als ich Dich bat, mir ein bestimmtes Buch in der Buchhandlung zu besorgen oder, falls es nicht vorrätig wäre, etwas anderes auszusuchen, machst Du Dir nicht einmal die Mühe, hinzugehen. Und nachdem ich so den ganzen Tag nichts zu lesen hatte, erklärst Du in aller Ruhe, Du habest das Buch gekauft und man habe Dir versprochen, es mir zu schicken, eine Behauptung, die, wie ich später zufällig feststellte, Wort für Wort erlogen war. Die ganze Zeit lebst Du natürlich auf meine Kosten, fährst aus, dinierst im Grand Hotel und erscheinst nur, wenn Du Geld brauchst. Am Samstagabend, nachdem Du mich den ganzen Tag hilflos und allein gelassen hattest, bat ich Dich, nach dem Dinner zurückzukommen und mir ein Weilchen Gesellschaft zu leisten. Ungehalten und in gereiztem Ton versprichst Du mir es. Ich warte bis elf, vergebens. Daraufhin hinterließ ich ein paar Zeilen für Dich in Deinem Zimmer, nur um Dich an Dein Versprechen zu erinnern und daran, wie Du es gehalten hattest. Um drei Uhr morgens schlief ich noch immer nicht, der Durst quälte mich, und ich tastete mich im Dunkeln und in der Kälte hinunter ins Wohnzimmer, wo ich Wasser zu finden hoffte. Ich fand *Dich.* Du fielst mit allen Beschimpfungen über mich her, die unbeherrschte Laune und ein ungebärdiges und ungebändigtes Naturell sich ausdenken können. Durch die schreckliche Alchimie des Egotismus verwandeltest Du Deine Gewissensbisse in Wut. Weil ich Dich in meiner Krankheit um mich haben wollte, warfst Du mir vor, ich sei selbstsüchtig, ich gönnte Dir kein Vergnügen; ich wollte Dich hindern, Dein Leben zu genießen. Du sagtest, und ich weiß, daß es stimmte, Du seist um Mitternacht nur zurückgekommen, um Dich umzukleiden und erneut auszugehen, neuen Freuden entgegen, doch der Brief, den Du vorfandest und worin ich Dich daran erinnert hatte, daß Du mich den ganzen Tag und den ganzen Abend vernachlässigt hattest, habe Dir jede Lust an weiteren Vergnügungen verdorben, ja Deine Aufnahmefähigkeit für neue Genüsse vermindert. Voller Ekel ging ich wieder hinauf, lag schlaflos bis zum Morgen, und erst lange nach Tagesanbruch konnte ich meinen Fieberdurst löschen. Um elf Uhr kamst Du in mein Zimmer. Während unseres Auftritts konnte ich mir nicht verkneifen zu bemerken, daß mein Brief wenigstens den Ausschweifungen einer Nacht, die über das übliche Maß hinausgingen, ein Ende gesetzt hatte. Am Morgen warst Du unverändert. Ich wartete natürlich, was Du zu Deiner Entschuldigung vorbringen und mit welchen Worten Du um Vergebung bitten würdest, die Dir, wie Du genau wußtest, völlig gewiß war, ganz gleich, was Du getan hattest; Deine unerschütterliche Überzeugung, daß ich Dir immer verzeihen würde, war ja gerade das, was ich am meisten an Dir liebte, vielleicht überhaupt das Liebenswerteste an Dir. Doch weit gefehlt, Du machtest Miene, die gleiche Szene in noch heftigerem Tone und anmaßenderer Ausfälligkeit zu wiederholen. Schließlich befahl ich Dir, mein Zimmer zu verlassen; Du sagtest, Du wollest gehen, doch als ich den Kopf von dem Kissen hob, worin ich ihn vergraben hatte, warst Du noch immer da und kamst plötzlich mit brutalem Gelächter und in hysterischer Wut auf mich zu. Grauen überkam mich, warum, konnte ich nicht genau sagen: aber ich stand sofort auf und schleppte mich, barfuß, wie ich war, die beiden Stockwerke zum Wohnzimmer hinunter, das ich nicht mehr verließ, bis der Hausbesitzer - nach dem ich geklingelt hatte, mir versichert hatte, Du hättest mein Schlafzimmer verlassen, und versprach, sich für den Notfall in Rufweite zu halten. Eine Stunde verging, der Arzt war dagewesen und hatte mich natürlich in einem Zustand völliger nervöser Erschöpfung und mit höherem Fieber als bei Ausbruch der Krankheit angetroffen, da kamst Du heimlich zurück, um Dir Geld zu holen: nahmst Dir, was Du auf Kommode und Kaminsims finden konntest, und verließest das Haus mitsamt Deinem Gepäck. Muß ich Dir sagen, was ich während der zwei folgenden elenden, einsamen Krankheitstage von Dir dachte? Muß ich wirklich aussprechen, daß ich es als Schmach empfand, mit dem Menschen, als den Du Dich erwiesen hattest, weiterhin auch nur bekannt zu sein? Daß ich den Augenblick der Trennung gekommen sah und ihn wirklich mit großer Erleichterung begrüßte? Und daß ich wußte, in Zukunft würden meine Kunst und mein Leben in jeder Hinsicht freier, besser und schöner sein? So krank ich war, ich fühlte mich wohl. Daß die Trennung endgültig sein würde, brachte mir Frieden. Am Dienstag war das Fieber gewichen, und ich aß zum erstenmal unten. Mittwoch war mein Geburtstag. Unter den Telegrammen und Glückwünschen auf meinem Tisch war ein Brief mit Deiner Handschrift. Ich öffnete ihn, und Wehmut ergriff mich. Ich wußte, daß die Zeit vorüber war, in der ein hübscher Satz, eine zärtliche Wendung, ein Wort des Bedauerns genügt hätten, damit ich Dich wieder aufnehme. Aber ich hatte mich gründlich getäuscht. Ich hatte Dich unterschätzt. Dein Geburtstagsbrief war eine abgefeimte Wiederholung der beiden Szenen, perfid und methodisch schwarz auf weiß festgehalten! Du hast Dich auf billige Art über mich mokiert. Du schriebst, für Dich habe die ganze Sache nur das eine Gute gehabt, daß Du hättest ins Grand Hotel übersiedeln und mir den Lunch, den Du vor Deiner Abreise nach London dort noch einnahmst, auf die Rechnung setzen lassen können. Du gratuliertest mir zu meinem klugen Einfall, vom Krankenlager aufzustehen, zu meiner panischen Flucht über die Treppen. *»Es war ein kritischer Augenblick für Dich«,* schriebst Du, *»kritischer, als Du Dir vorstellen kannst.«* Ach! ich fühlte es nur zu genau. Wenn ich auch nicht wußte, was es wirklich zu bedeuten hatte: ob Du die Pistole bei Dir trugst, die Du gekauft hattest, um Deinen Vater damit zu erschrecken, und die Du schon einmal, in der Annahme, daß sie nicht geladen sei, in einem Restaurant in meiner Gegenwart abgefeuert hattest: ob Deine Hand sich auf ein Messer zubewegte, das zufällig auf dem Tisch zwischen uns lag: ob Du in Deiner Wut vergessen hattest, wie klein und schwächlich Du bist und mir einen ganz besonderen, persönlichen Schimpf antun oder gar mich angreifen wolltest, der ich krank dalag: ich wußte es nicht. Ich weiß es noch heute nicht. Ich weiß nur, daß mich äußerstes Entsetzen packte und daß ich das Gefühl hatte, ich müsse schleunigst aus dem Zimmer und weg von Dir, um Dich vor einer Tat zu bewahren, die selbst für Dich zeitlebens eine Quelle der Scham sein würde. Nur ein einziges Mal in meinem Leben hatte ich vorher solches Grauen vor einem Menschen empfunden. Es war in der Tite Street, als Dein Vater in meiner Bibliothek stand - zwischen uns sein Freund oder Leibwächter - und in epileptischer Wut mit seinen kleinen Händen in der Luft herumfuchtelte, alle zotigen Wörter hervorstieß, die sein zotiges Hirn ausdenken konnte, und die gemeinen Drohungen kreischte, die er später hinterlistig ausführte. In diesem Fall war natürlich er derjenige, der das Zimmer als erster verließ. Ich wies ihm die Tür. In Deinem Fall mußte ich weichen. Es war nicht das erste Mal, daß ich Dich vor Dir selbst bewahrte.

Du schlossest Deinen Brief mit den Sätzen: *»Wenn Du nicht auf Deinem Podest stehst, bist Du uninteressant. Wenn Du wieder einmal krank wirst, verschwinde ich sofort.«* Ach! welch ein grobschlächtiges Naturell verrät sich da! Welch ein völliger Mangel an Phantasie! Wie gefühllos, wie gemein war da schon der Ton geworden! *»Wenn Du nicht auf Deinem Podest stehst, bist Du uninteressant. Wenn Du wieder einmal krank wirst, verschwinde ich sofort.«* Wie oft hallten diese Worte in den elenden Einzelzellen der verschiedenen Gefängnisse wider, in die man mich geschafft hat. Ich wiederhole sie unablässig und sehe in ihnen, zu Unrecht, wie ich noch immer hoffe, eines der Geheimnisse Deines unerklärlichen Schweigens. Daß ausgerechnet Du mir etwas so Rüdes und Krudes schriebst, nachdem ich mir die Krankheit und das Fieber, woran ich litt, bei Deiner Pflege zugezogen hatte, war natürlich empörend; ja, jeder Mensch auf der ganzen Welt beginge eine unverzeihliche Sünde, wenn er so an einen anderen Menschen schriebe - sollte es so etwas wie unverzeihliche Sünden geben . . .

## ROBERT FALCON SCOTT

Geboren am 6. 6. 1868 in Devonport, gestorben Ende März 1912 in der Antarktis. Nahm 1899 bis 1904 an der Südpolarexpedition der »Discovery« teil und erreichte bei einer 1910 begonnenen Expedition den Südpol am 18. 1. 1912, vier Wochen nach dem norwegischen Polarforscher Amundsen. Kam auf dem Rückweg zusammen mit seinen Begleitern um.

### *An die englische Öffentlichkeit* (Ende März 1912)

Wir wären durchgekommen, wenn nicht abermals einer von unseren Kameraden krank geworden wäre, wenn sich nicht ein mir unerklärlicher Mangel an Petroleum herausgestellt hätte, und wenn uns nicht elf Meilen vor dem Lager, in dem wir die rettenden letzten Vorräte finden sollten, der Sturm überfallen hätte. Etwas Schlimmeres als diesen letzten Schlag konnte uns das böse Geschick gewiß nicht antun. Wir sind nur noch elf Meilen von unserem alten Ein-Tonnen-Lager entfernt; jetzt haben wir nur noch Petroleum zum Kochen einer letzten Mahlzeit und Lebensmittel für zwei Tage. Seit vier Tagen konnten wir das Zelt nicht mehr verlassen, so umheult uns der Sturm. Wir sind schwach, das Schreiben fällt schwer, aber um meinetwillen bereue ich diese Unternehmung nicht, denn sie hat bewiesen, daß Engländer Mühsale aushalten, einander helfen und dem Tode mit derselben Tapferkeit ins Antlitz sehen können, wie nur je in vergangenen Zeiten. Wir haben Schweres gewagt, und wir wußten, daß wir es wagten; das Schicksal hat gegen uns entschieden, und deshalb haben wir keinen Grund zur Klage, sondern wir beugen uns dem Willen der Vorsehung und sind entschlossen, mit unseren besten Kräften auszuharren

bis zum Ende. Da wir aber bereit gewesen sind, unser Leben einzusetzen für diese Unternehmung, die zur Ehre unseres Vaterlandes gewagt worden ist, so bitte ich unsere Landsleute, daß für die Menschen, die auf uns angewiesen sind, anständig gesorgt wird.
Wären wir am Leben geblieben, so hätte ich von der Kühnheit, der Ausdauer und dem Mut meiner Kameraden eine Geschichte zu erzählen gehabt, die jedem Engländer ans Herz gegriffen hätte. Nun müssen diese ungelenken Zeilen und unsere toten Leiber diese Geschichte berichten. Aber gewiß, gewiß wird ein großes reiches Land wie unsere Heimat für die Menschen, die auf uns angewiesen sind, sorgen.

## CARL GUSTAV JUNG

Geboren am 26. 7. 1875 in Kesswil (Thurgau), gestorben am 6. 6. 1961 in Küsnacht (Zürich). Psychiater und Psychotherapeut. Schüler Freuds. Der zwanzig Jahre ältere Begründer der Psychoanalyse betrachtete Jung als seinen »Erben« und »Vollender« und setzte große Erwartungen in ihn. Die beiden Forscher lernten sich Anfang dieses Jahrhunderts kennen und hielten fast sieben Jahre lang engen Kontakt. Der Konflikt, der schließlich zum Bruch führte, zeichnete sich von Anfang an ab. Einerseits führten Freuds Einschätzung der Sexualität, die Jung nicht teilte, und Jungs theologische Neigungen und sein Interesse für Astrologie und Okkultismus, die Freud nicht teilte, zu sich im Laufe der Jahre verschärfenden Meinungsverschiedenheiten, andererseits brachte das Vater-Sohn-ähnliche Verhältnis Spannungen mit sich, die ihren Ausdruck auch in ganz persönlichen Gekränktheiten fanden.

*An Sigmund Freud* 1003 Seestraße 18. XII. 12
Küsnach-Zürich

Lieber Herr Professor!
Darf ich Ihnen einige ernsthafte Worte sagen? Ich anerkenne meine Unsicherheit Ihnen gegenüber, habe aber die Tendenz, die Situation in ehrlicher und absolut anständiger Weise zu halten. Wenn Sie daran zweifeln, so fällt das Ihnen zur Last. Ich möchte Sie aber darauf aufmerksam machen, daß Ihre Technik, Ihre Schüler wie Ihre Patienten zu behandeln, ein *Mißgriff* ist. Damit erzeugen Sie sklavische Söhne oder freche Schlingel (Adler, Stekel und die ganze freche Bande, die sich in Wien breitmacht). Ich bin objektiv genug, um Ihren Truc zu durchschauen. Sie weisen rund um sich herum alle Symptomhandlungen nach, damit setzen Sie die ganze Umgebung auf das Niveau des Sohnes und der Tochter herunter, die mit Erröten die Existenz fehlerhafter Tendenzen zugeben. Unterdessen bleiben Sie immer schön

oben als Vater. Vor lauter Untertänigkeit kommt keiner dazu, den Propheten am Barte zu zupfen und sich einmal zu erkundigen, was Sie denn zu einem Patienten sagen, welcher die Tendenz hat, den Analytiker zu analysieren anstatt sich selbst? Sie fragen ihn doch: »Wer hat denn eigentlich die *Neurose*?«

Sehen Sie, mein lieber Herr Professor, solange Sie mit diesem Zeugs laborieren, sind mir meine Symptomhandlungen ganz wurscht, denn die wollen gar nichts bedeuten neben dem beträchtlichen Balken, den mein Bruder Freud im Auge trägt. - Ich bin nämlich gar nicht neurotisch - unberufen! Ich habe mich nämlich lege artis et tout humblement analysieren lassen, was mir sehr gut bekommen ist. Sie wissen ja, wie weit ein Patient mit Selbstanalyse kommt, nämlich nicht aus der Neurose heraus - wie Sie. Wann Sie dann selber einmal ganz komplexfrei geworden sind und gar nicht mehr Vater spielen an Ihren Söhnen, denen Sie beständig auf die schwachen Punkte zielen, indem Sie sich selber einmal dort aufs Korn nehmen, dann will ich in mich gehen und meine lasterhafte Uneinigkeit mit mir selber Ihnen gegenüber mit einem Mal ausrotten. *Lieben* Sie denn die *Neurotiker* so sehr, daß Sie immer ganz eins mit sich selber wären? Sie *hassen* vielleicht die Neurotiker; wie können Sie dann erwarten, daß Ihre Anstrengungen, möglichst schonend und liebevoll mit den Patienten umzugehen, nicht von etwas gemischten Gefühlen wären?

Adler und Stekel sind Ihrem Truc aufgesessen und wurden kindisch frech. Ich werde öffentlich mich zu Ihnen halten, unter Wahrung meiner Ansichten, und werde insgeheim in meinen Briefen anfangen, Ihnen einmal zu sagen, wie ich wirklich über Sie denke. Ich halte diesen Weg für den anständigsten.

Sie werden über diesen sonderbaren Freundschaftsdienst schimpfen, aber vielleicht tut es Ihnen doch gut.
Mit besten Grüßen Ihr ganz ergebener Jung

*Sigmund Freud an C. G. Jung* Wien, 3. Jan. 1913

... Aus Ihrem vorigen Brief kann ich nur einen Punkt ausführlich beantworten. Ihre Voraussetzung, daß ich meine Schüler wie Patienten behandle, ist nachweisbar unzutreffend. In Wien macht man mir den entgegengesetzten Vorwurf. Ich soll für die Unarten von Stekel und Adler verantwortlich sein; aber in Wirklichkeit hat Stekel, seit er vor etwa zehn Jahren aus der Behandlung entlassen wurde, kein Wort zu seiner Analyse mehr von mir gehört, und ebensowenig habe ich die Analyse bei Adler verwendet, der nie mein Patient war. Was ich je Analytisches über die beiden geäußert, geschah zu anderen und größtenteils zu einer Zeit, da sie nicht mehr im Verkehr mit mir standen. – Sie haben es sich hier mit der Grundlage für Ihre Konstruktion ebenso leicht gemacht wie bei der berühmten »Geste von Kreuzlingen«.
Im übrigen ist Ihr Brief nicht zu beantworten. Er schafft eine Situation, die im mündlichen Verkehr Schwierigkeiten bereiten würde, im schriftlichen Wege ganz unlösbar ist. Es ist unter uns Analytikern ausgemacht, daß keiner sich seines Stückes Neurose zu schämen braucht. Wer aber bei abnormem Benehmen unaufhörlich schreit, er sei normal, erweckt den Verdacht, daß ihm die Krankheitseinsicht fehlt. Ich schlage Ihnen also vor, daß wir unsere privaten Beziehungen überhaupt aufgeben. Ich verliere nichts dabei, denn ich bin gemütlich längst nur durch den dünnen Faden der

Fortwirkung früher erlebter Enttäuschungen an Sie geknüpft, und Sie können nur gewinnen, da Sie letztlich in München bekannt haben, eine intimere Beziehung zu einem Mann wirke hemmend auf Ihre wissenschaftliche Freiheit. Nehmen Sie sich also die volle Freiheit und ersparen Sie mir die angeblichen »Freundschaftsdienste«. Wir sind einig darin, daß der Mensch seine persönlichen Empfindungen den allgemeinen Interessen in seinem Bereich unterordnen soll. Sie werden also niemals Grund finden, sich über Mangel an Korrektheit bei mir zu beklagen, wo es sich um Arbeitsgemeinschaft und Verfolgung wissenschaftlicher Ziele handelt; ich kann sagen, so wenig Grund späterhin wie bisher. Andererseits darf ich dasselbe von Ihnen erwarten.
Ich grüße Sie

Ihr ergebener
Freud

*C. G. Jung an Sigmund Freud* 1003 Seestraße 3. 1. 13
Küsnach-Zürich

Lieber Herr Professor!
Obschon Sie meinen ersten Geheimbrief offenbar entweder sehr gründlich oder sehr schief aufgefaßt haben, kann ich doch nicht umhin, unter Umgehung des Geheimkapitels, Ihnen meine freundschaftlichen Neujahrswünsche darzubringen. Mein Wunsch ist, daß im kommenden Jahr die ψα Bewegung fortschreiten möge, nicht gehindert, sondern in ihrer Lebensenergie gehoben durch gegensätzliche Strömungen. Das gehört halt zum Leben. Wenn alles glatt wird, fängt die Erstarrung an. »Doch im Erstarren such' ich nicht mein Heil«.
Ich bitte Sie, wenn es Ihnen paßt, mir mitzuteilen, ob Sie auf meine Geheimbriefe verzichten. Ich kann's auch ohne Ge-

heimbriefe machen. Ich will Sie selbstverständlich nicht quälen. Wenn Sie aber einen freundschaftlichen Standpunkt mir einräumen, dann fordere ich Gegenrecht, und ich werde Ihnen dieselbe analytische Fürsorge angedeihen lassen, die Sie mir zeitweise offerieren. Sie wissen ja, im Verständnis der ψα Wahrheiten kommt man gerade so weit wie man in sich selber kommt. Hat man neurotische Symptome, so wird's auch am Verständnis fehlen irgendwo. Wo, haben die Ereignisse bereits gezeigt. Wenn ich also ungeschminkt offen gegen Sie bin, so soll das zu Ihrem Besten geschehen, auch wenn's weh tut.
Ich denke, meine ehrenhafte Absicht ist völlig klar, so daß ich keine Worte mehr beifügen muß. Das Weitere sei Ihnen überlassen.
Der Sinn dieses Briefes kann Sie meine Neujahrswünsche erraten lassen.
Mit besten Grüßen Ihr ganz ergebener
Jung

Küsnach-Zürich, 6. 1. 13

Lieber Herr Professor!
Ich werde mich Ihrem Wunsche, die persönliche Beziehung aufzugeben, fügen, denn ich dränge meine Freundschaft niemals auf. Im übrigen werden Sie wohl am besten selber wissen, was dieser Moment für Sie bedeutet. »Der Rest ist Schweigen«.
Ich bin Ihnen dankbar, daß Sie Burrows Arbeit gütigst angenommen haben. Ihr ergebener
Jung

## DER FAHNENJUNKER K.

Gefallen am 9. 11. 1914, vermutlich neunzehn Jahre alt.

8. September 14

Mein lieber L.

ich schreibe Dir gleich nach unserem Aryser Gefecht, bei dem Ihr ja auch allerlei zu tun bekamt und bei dem ich Dich übrigens wahrscheinlich ohne Dein Wissen gesehen habe. Gegen zwei Uhr, als Ihr Klaussen passiertet, trabte Deine Batterie an uns vorüber, ich winkte Dir auch zu, aber Du hast uns armes Fußvolk gar nicht angesehn. Jetzt schreibe ich Dir von Feldwache. Es ist naß und kalt, das Zelt ist mehr Prießnitzumschlag, als Regenschutz. Nicht weit von uns biwakiert eine leichte Feldhaubitzenbatterie. Der dicke Hauptmann sitzt auf dem Lafettenschwanz und futtert Ölsardinen. Vorsichtshalber aber hat er an seiner Donnerbüchse den Verschluß zumachen lassen. Er sagte, man könne gar nicht wissen und es könnte sonst noch was durchs Rohr geflogen kommen. So vorsichtige Leute gibt es also wirklich. Dabei ist mir eigentlich gar nicht viel besser zu Mute. Ich könnte ja sagen, daß ich Angst vor den nächsten Tagen habe, aber so ist es wieder auch nicht, und nach fünf Wochen Krieg wissen wir ja alle, was das mit »Angst« und mit »Heldenmut« auf sich hat und daß das eigentlich doch nur nette kleine Worte für zu Hause gebliebene Schulmeister sind. Du kennst mich auch nicht als Phantasten und Spökenkieker. Trotzdem sage ich Dir, mir ist seit ein paar Tagen ganz so, als löse sich alles in Nebel auf und als sei man gar nicht mehr recht hier. Kurz und gut, ich glaube, daß ich ans Messer komme. Und da kann man eben nichts machen.

Natürlich zappelt man bei solchen Ahnungen und hat dann auch immer »Angst«. Andererseits habe ich es immer gewußt, daß es bald kommen würde und bin eigentlich auch einverstanden. Mich hats immer angewidert, wenn bei uns auf dem Pennal die Leute vor dem Abitur ihre Berufswahl beredeten und sich dann darüber stritten, ob man als Jurist oder als Offizier den ersten Orden bekommt. Was aber nützt einem schon das junge Leben, wenn alles immer nach Vernunft gehn soll und alles sich dreht um Carrière und die wohlhabende Heirat und um den Roten Adlerorden zur rechten Zeit? Vielleicht ist alles, was ich Dir da schreibe, Unsinn, vielleicht geht alles noch einmal gut aus. Aber wenn es mit mir wirklich so kommt, wie ich manchmal glaube, glaub' mir, ich beneide keinen, der mit heilem Fell davonkommt und übrig bleibt. Irgend was stimmt an unserer Zeit nicht, irgend was stimmt an ganz Deutschland nicht. Und vor dem, was da nicht stimmt, davor habe ich mehr Angst, als vor der Kugel und dem bißchen Gezappel zum Schluß. Bei Euch drüben ballert es eben ganz hübsch. Eben höre ich auch, daß B. vom Gumbinner Regiment gefallen sein soll, einer von unseren Herren will gesehen haben, wie er tot auf einem Bauernwagen vorbeigefahren wurde. Wer weiß, obs stimmt. Erzählt wird so viel. Morgen werden wir mehr wissen ...

Dein K.

## ARTHUR GEORGE HEATH

Geboren 1887 in England, gefallen am 8. 10. 1915 in Frankreich. Leutnant im West-Kent-Regiment der Königin.

*An seine Mutter* Flandern, den 11. 6. 1915

Meine liebe Mutter. Es ist Sonntag, und wir müssen trotzdem in ein paar Stunden an die Arbeit - aber ich verspüre Lust, die freie Zeit dazu zu benutzen, daß ich Dir ein paar Dinge sage, die ich schon lange auf dem Herzen hatte. Du weißt gewiß noch, was ich Dir beim Abschied gestand: kein Gedanke machte mir soviel zu schaffen wie der, daß ich Dir durch mein Fortgehen Kummer bereite - oder Dir Kummer dadurch bereiten könnte, daß ich falle. Nun, da mir der Tod nahe ist, bewegt mich dasselbe Gefühl. Ich glaube gar nicht einmal, daß ich persönlich mehr habe als den ganz natürlichen Selbsterhaltungstrieb, und mir kommt auch der Gedanke an den Tod durchaus nicht wie ein Schrecknis vor, das mich bedrückt. Ich habe, wenn ich wirklich bleibe, eher das Gefühl, daß die eigentliche Last nur auf Dich und auf die anderen Menschen fällt, die mich lieben; und so schreibe ich Dir vor allem deshalb, weil ich einmal begründen möchte, warum man nach meiner Meinung den Tod eines anderen nicht nur als eine Bürde empfinden dürfte. Jedenfalls erleichtert es mir das Herz, wenn ich einmal versuche, dafür eine Begründung zu geben. Wir trennen Tod und Leben voneinander wie zwei Daten im Kalender: der eine Termin bezeichnet unsere Geburt und der andere - ein paar Jahre später - unseren Tod. Im Grunde aber tun wir unser halbes Leben lang nichts anderes als schlafen; und im Wachen sind wir uns oft genug bewußt, daß wir eigentlich nur halb wirklich leben. Das Leben ist doch eher ein Wertbegriff als ein Mengenbegriff; es gibt gewisse Augenblicke wirklich völligen Lebens, die uns so wertvoll vorkommen, daß es abgeschmackt und sinnlos wäre, sie mit der Uhr zu bemessen oder festzustellen: soundso viele Stunden und Minuten haben sie gewährt. Die Ausstrahlungen solcher Zeiten, in denen man wahrhaft gelebt hat, sind so mächtig, daß wir im Grunde gar nicht imstande sind, ihre Dauer zu berechnen: sie können unser ganzes ferneres Leben verschönen, sie können eine Quelle der Kraft und der Freude werden, von der man weiß, daß sie niemals versiegt, wenn man auch nicht erkennen und ermessen kann, wie das zugeht. Ein Beispiel für das, was ich meine, ist für mich immer meine erste Begegnung mit dem Brahmsschen »Requiem«. Später blickt man auf derartige Ereignisse nicht nur als auf etwas Vergangenes zurück, dessen zeitliche Stellung man genau bestimmen kann; man empfindet die Kraft, die von solchen Dingen ausgeht, als so lebendig wie im ersten Augenblick. Keiner von uns könnte sich etwas Besseres wünschen, als daß wir solche Augenblicke festzuhalten und alles übrige von uns abzutun vermöchten ... Und gleichwie nun diese freudigen oder erhabenen Augenblicke unser eigenes Leben erfüllen können, so sollen sie sich auch weiterhin im Gedächtnis unserer Freunde auswirken und durch die Macht, die sie über deren Leben gewinnen, immer wieder auferstehen. Du wirst gewiß nichts dagegen haben, wenn ich das mit eigener Erfahrung erläutere. Von mir selbst weiß ich, daß Freude und Genuß an der Musik zu meinen schönsten Erlebnissen gehören. Nun, es war für mich mehr als ein Erlebnis, das einen so streift, als ich das »Requiem« zum ersten Male hörte; und ich möchte hoffen dürfen, daß denen, die mir nahestehen, und die mich überleben, meine Liebe zur Musik einmal mehr bedeuten möge als nur die Erinnerung an etwas einst Gewesenes – daß daraus eine Kraft erwachse, die für sie die Schönheit der Musik überhaupt erhöht. Oder ein anderes Beispiel: unsere Vorliebe für die South-Down-Landschaft. Ich möchte mir wahrhaftig nicht vorstellen müssen, Dir könnte, wie man so sagt, »der Anblick der Hügel mit ihren Gedankenverbindungen zu schmerzlich sein«, wenn ich einmal tot bin. Lieber möchte ich das Gegenteil denken: denn die Freude, die ich in den Downs empfunden habe, soll für Dich nicht nur eine Erinnerung an eine Tatsache aus der Vergangenheit sein; sie müßte gewissermaßen in Dich übergehen und Deine Ferien dort mit einem ganz neuen Glücksgefühl erfüllen ... Versuche wenigstens, wenn ich falle, Dich nicht durch die Dinge, an denen ich gehangen habe, bekümmern zu lassen. Die Sussex Downs oder die Volkslieder, die J. . . immer singt, können Dich künftig, wenn Du willst, noch tiefer beglücken: denn ich, siehst Du, habe so unendliche Freude an ihnen gehabt – und so kann meine Freude daran fortleben.

Und noch eins: Laß nicht diese ganze feierliche Begräbnismusik, Trauermärsche und dergleichen über mich herspielen, als sollten sie verkünden, daß nun alles zu Ende sei und denen, die mich liebgehabt haben, nichts als mit Fassung getragene Trauer bleibt. Mir wäre der holländische Osterjubelgesang lieber: denn das ist eine Musik, aus der Leben und Freude in ununterbrochenem Strom hervorquellen.

Was ich schreibe, mag Dir wirklichkeitsfremd und wie Hirngespinst vorkommen, aber in einem wirst Du mir gewiß zustimmen: Der Wille, zu helfen, ist heute in uns beiden lebendig, und Du billigst mein Handeln. Dies ist eines von den wesentlichen und lebenswichtigen Dingen, die sich mit dem Augenblick, da man sie ausspricht oder ihnen sonst Ausdruck verleiht, nicht erschöpfen dürfen - und sich auch nicht damit erschöpfen. Meine Entschlossenheit kann in Deiner fortleben, auch wenn ich dahingerafft werde, und sie kann sich als unbesiegt durch den Tod erweisen, wenn Du einen Entschluß, den wir beide als recht erkannt haben, nicht bereust.

Bitte vergib mir, wenn ich Dich mit all diesem Gerede gequält habe. Wenn wir einander noch lieber hätten, so hätte ich das gar nicht schreiben können, aber gerade weil wir uns liebhaben, kann ich auch den Gedanken nicht ertragen, daß ich Dir mit meinem Tod nur Kummer und Trauer verursachen könnte.

## FRANZ KAFKA

Geboren am 3. 7. 1883 in Prag, gestorben am 3. 6. 1924 in Kierling bei Wien. Sohn eines jüdischen Kaufmanns in Prag. Jurastudium. Versicherungsangestellter. Fünfzehn Jahre lang. Seine Prosa von Angst und Ohnmacht wird heute auf der ganzen Welt gelesen und als Gleichnis für das Lebensgefühl des modernen Menschen gedeutet. Zu seinen Lebzeiten war Kafka kaum bekannt. Als er Felice Bauer kennenlernte, war er Ende Zwanzig und lebte noch bei den Eltern. Zwei Jahre später, im Mai 1914, verlobte er sich mit ihr. Entlobte sich im gleichen Jahr. Drei Jahre später, im Juli 1917, verlobte er sich noch einmal mit ihr. Entlobte sich im gleichen Jahr.

*An Felice Bauer* [Zürau, 30. September oder 1. Oktober 1917]

Liebste Felice, vorgestern kam ein Brief von Dir. Wie, schon ein Brief, fragte ich mich, und las ihn lange nicht. Dann aber war es nur ein Brief vom 11. September, in dem Du unbestimmt von der Möglichkeit Deiner Reise sprachst, und der nur deshalb so lange herumgewandert war, weil Du zu Flöhau Mähren statt Böhmen geschrieben hattest. Dadurch erklärt sich auch mein damaliges scheinbares Nichtantworten. Heute aber, Sonntag, kamen Deine Briefe vom 24. und 26. Sept., sie kamen früh, ich öffnete sie nicht (auch ein fremder Brief war dabei und blieb uneröffnet), tagsüber war dann die Mutter hier (sie erzählte, sie habe Dich gefragt, ob ich schon in besserer Laune wäre und Du habest gesagt, das hättest Du nicht bemerkt), aber auch abends wollte ich die Briefe noch nicht lesen, sondern Dir zuerst zum Aufatmen, zu meinem Aufatmen einen Brief schreiben, der unabhängig wäre von dem, was in Deinen Briefen stand. Schließlich aber nahm ich die Briefe doch vor.

Es steht in ihnen, was dort stehn mußte und was mich so beschämt, wie Du es nur begreifen könntest, wenn Du nicht das tun müßtest, was Du tust, und nicht so sein müßtest, wie Du bist.
So wie Du mich diesmal gesehen hast, habe gleichzeitig auch ich mich gesehn, nur schärfer noch, seit langer Zeit und deshalb kann ich Dir den Anblick erklären:
Daß zwei in mir kämpfen, weißt Du. Daß der bessere der zwei Dir gehört, daran zweifle ich gerade in den letzten Tagen am wenigsten. Über den Verlauf des Kampfes bist Du ja durch 5 Jahre durch Wort und Schweigen und durch ihre Mischungen unterrichtet worden, meistens zu Deiner Qual. Fragst Du mich, ob es immer wahrhaftig war, kann ich nur sagen, daß ich keinem Menschen gegenüber bewußte Lügen so stark zurückgehalten habe oder, um noch genauer zu sein, stärker zurückgehalten habe als gegenüber Dir. Verschleierungen gab es manche, Lügen sehr wenig, vorausgesetzt, daß es überhaupt »sehr wenig« Lügen geben kann. Ich bin ein lügnerischer Mensch, ich kann das Gleichgewicht nicht anders halten, mein Kahn ist sehr brüchig. Wenn ich mich auf mein Endziel hin prüfe, so ergibt sich, daß ich nicht eigentlich danach strebe, ein guter Mensch zu werden und einem höchsten Gericht zu entsprechen, sondern, sehr gegensätzlich, die ganze Menschen- und Tiergemeinschaft zu überblicken, ihre grundlegenden Vorlieben, Wünsche, sittlichen Ideale zu erkennen, sie auf einfache Vorschriften zurückzuführen, und mich in dieser Richtung möglichst bald dahin zu entwickeln, daß ich durchaus allen wohlgefällig würde, und zwar (hier kommt der Sprung) so wohlgefällig, daß ich, ohne die allgemeine Liebe zu verlieren, schließlich, als der einzige Sünder, der nicht gebraten wird, die mir innewohnenden Gemeinheiten offen, vor aller Augen, aus-

führen dürfte. Zusammengefaßt kommt es mir also nur auf das Menschengericht an und dieses will ich überdies betrügen, allerdings ohne Betrug.

Wende dies auf unsern Fall an, der kein beliebiger ist, vielmehr mein eigentlich repräsentativer Fall. Du bist mein Menschengericht. Diese zwei, die in mir kämpfen, oder richtiger, aus deren Kampf ich bis auf einen kleinen gemarterten Rest bestehe, sind ein Guter und ein Böser; zeitweilig wechseln sie diese Masken, das verwirrt den verwirrten Kampf noch mehr; schließlich aber konnte ich, bei Rückschlägen bis in die allerletzte Zeit doch glauben, daß es zu dem Unwahrscheinlichsten (das Wahrscheinlichste wäre: ewiger Kampf), das dem letzten Gefühl doch immer als etwas Strahlendes erschien, kommen werde und ich, kläglich, elend geworden durch die Jahre, endlich Dich haben darf.

Plötzlich zeigt sich, daß der Blutverlust zu stark war. Das Blut, das der Gute (jetzt heißt er uns Guter) vergießt, um Dich zu gewinnen, nützt dem Bösen. Dort wo der Böse, wahrscheinlich oder vielleicht, aus eigener Kraft nichts entscheidend Neues mehr zu seiner Verteidigung gefunden hätte, wird ihm dieses Neue vom Guten geboten. Ich halte nämlich diese Krankheit im geheimen gar nicht für eine Tuberkulose, oder wenigstens zunächst nicht für eine Tuberkulose, sondern für meinen allgemeinen Bankrott. Ich glaubte, es ginge noch weiter und es ging nicht. – Das Blut stammt nicht aus der Lunge, sondern aus dem oder aus einem entscheidenden Stich eines Kämpfers.

Dieser eine hat nun an der Tuberkulose eine Hilfe, so riesengroß etwa, wie ein Kind an den Rockfalten der Mutter. Was will der andere noch? Ist der Kampf nicht glänzend zuende gefochten? Es ist eine Tuberkulose und das ist der Schluß.

Was bleibt dem andern übrig, als schwach, müde und in diesem Zustand Dir fast unsichtbar, hier in Zürau, an Deiner Schulter zu lehnen und gemeinsam mit Dir, der Unschuld des reinen Menschen, verblüfft und trostlos, den großen Mann anzustaunen, der, nachdem er sich im Besitze der Liebe der Menschheit oder der ihm zugewiesenen Stellvertreterin fühlt, mit seinen scheußlichen Gemeinheiten beginnt. Es ist eine Verzerrung meines Strebens, das doch schon an sich Verzerrung ist. Frag nicht, warum ich eine Schranke ziehe. Demütige mich nicht so. Auf ein solches Wort hin, bin ich wieder zu Deinen Füßen. Nur sticht mir auch gleich wieder die wirkliche oder vielmehr weit vor ihr die angebliche Tuberkulose in die Augen und ich muß es lassen. Es ist eine Waffe, neben der die fast zahllosen früher verbrauchten, von der »körperlichen Unfähigkeit« bis zur »Arbeit« hinauf und bis zum »Geiz« hinunter in ihrer sparsamen Zweckhaftigkeit und Primitivität dastehn.
Im übrigen sage ich Dir ein Geheimnis, an das ich augenblicklich selbst gar nicht glaube (trotzdem mich das bei Arbeitsversuchen und beim Denken rings um mich in der Ferne fallende Dunkel vielleicht überzeugen könnte), das aber doch wahr sein muß: ich werde nicht mehr gesund werden. Eben weil es keine Tuberkulose ist, die man in den Liegestuhl legt und gesund pflegt, sondern eine Waffe, deren äußerste Notwendigkeit bleibt, solange ich am Leben bleibe. Und beide können nicht am Leben bleiben.

Franz

# NICOLA SACCO

Geboren 1891 in Süditalien. Hingerichtet am 22. 8. 1927 in Massachusetts. Kam 1908 als Siebzehnjähriger in die Vereinigten Staaten. Elf Jahre lang Arbeiter in einer Schuhfabrik in Milfords (Massachusetts), wo er zum überzeugten Anarchisten wurde. Als im April 1920 zwei Angestellte einer Schuhfabrik, der Zahlmeister und ein Wächter, die mit einer großen Geldsumme in South Braintree unterwegs waren, überfallen und tödlich verletzt wurden, fiel der Verdacht auf ihn und den Fischhändler Bartolomeo Vanzetti, der ebenfalls Anarchist war. Die Mörder waren mit dem geraubten Geld entkommen. Sacco und Vanzetti wurden verhaftet und wegen Mordes angeklagt, obwohl sie die Tat bestritten und es keine stichhaltigen Beweise gegen sie gab. Dennoch wurden sie für schuldig befunden und zum Tode verurteilt, was zu heftigen Protesten in Europa und den USA führte. Vergebens. Die Tatsache, daß Sacco und Vanzetti »Rote« waren, genügte, um sie in den Augen der Mehrheit, die gerade mal wieder die Ursache allen Übels im roten Erzfeind sah, zu überführen. Nach sieben Jahren Gefängnis wurden Sacco und Vanzetti trotz aller Proteste exekutiert.

*An seinen dreizehnjährigen Sohn Dante*

Charleston State Prison, 18. 8. 1927

Mein lieber Sohn und Kamerad,
seitdem ich Dich das letzte Mal sah, wollte ich Dir diesen Brief schreiben, aber die Dauer meines Hungerstreiks und der Gedanke, daß ich mich vielleicht nicht ausdrücken könnte, ließ es mich immer wieder verschieben.
Jetzt habe ich meinen Hungerstreik beendet, und gleich danach wollte ich Dir schreiben, aber ich merkte, daß ich nicht genug Kraft habe und es nicht auf einmal fertig bringe. Ich möchte es aber getan haben, bevor sie uns wieder in die Todeszelle bringen, weil ich überzeugt bin, daß sie uns sofort dorthin bringen werden, wenn das Gericht eine neue

Verhandlung ablehnt. Und wenn nichts geschieht, kommen wir zwischen Freitag und Montag am 22. August kurz nach Mitternacht auf den elektrischen Stuhl. Darum also komme ich jetzt zu Dir mit Liebe und einem offenen Herzen wie immer …

Ich hätte nie geglaubt, daß unsere untrennbaren Leben getrennt werden könnten, aber nach sieben schmerzhaften Jahren sieht es jetzt so aus, als wäre es so weit, aber die Unruhe und den Herzschlag der Liebe hat es doch nicht wirklich geändert. Das ist so geblieben, wie es war, ja mehr geworden. Unsere gegenseitige Zuneigung ist heute natürlich stärker als sie je war. Das ist nicht nur sehr viel, sondern großartig, weil die wirklich brüderliche Liebe nicht nur in der Freude, sondern auch und mehr noch im Leidenskampf zutage tritt. Vergiß das nicht, Dante. Wir haben dies gezeigt, und, Bescheidenheit beiseite, wir sind stolz darauf.

Viel haben wir auf diesem langen Leidensweg gelitten. Wir protestieren heute, so wie wir gestern protestiert haben. Wir protestieren immer für unsere Freiheit.

Als ich den Hungerstreik beendete, so war das, weil kein Lebenszeichen mehr in mir war. Weil ich mit meinem Hungerstreik für das Leben und nicht für den Tod protestiert habe.

Ich gab auf, weil ich in die Arme Deiner lieben kleinen Schwester Ines und Deiner Mutter und all der geliebten Freunde und Kameraden des Lebens und nicht des Todes zurückkehren wollte. Also, mein Sohn, beginnt sich das Leben langsam und ruhig wieder zu regen, aber doch ohne Horizont und immer mit Traurigkeit und Todesvisionen.

Nun, mein lieber Junge, nachdem Deine Mutter so viel mit mir geredet hat und ich Tag und Nacht von Dir geträumt habe, war es eine solche Freude, Dich schließlich zu sehen.

Mit Dir zu sprechen wie früher. Viel habe ich Dir bei diesem Besuch gesagt, und mehr noch wollte ich Dir sagen, aber ich wußte, daß Du derselbe liebevolle Junge bleiben würdest, Deiner Mutter treu, die Dich so liebt, und ich wollte Deine Gefühle nicht länger verletzen, weil ich sicher bin, daß Du derselbe Junge bleiben wirst und nicht vergessen, was ich Dir gesagt habe. Ich weiß, das, was ich Dir hier sage, wird Dich traurig machen, aber weine nicht, Dante, weil viele Jahre verschwendet worden sind, so wie die Tränen Deiner Mutter sieben Jahre lang verschwendet worden sind, und es war zu nichts gut. Also, sei stark, mein Junge, anstatt zu weinen, damit Du Deine Mutter trösten kannst, und wenn Du Deine Mutter von der entmutigenden Traurigkeit ablenken willst, sage ich Dir, was ich immer gemacht habe. Ich habe einen langen Spaziergang auf dem stillen Land mit ihr gemacht, hin und wieder Blumen gepflückt, im Schatten von Bäumen gerastet, zwischen der Harmonie des lebhaften Flusses und der sanften Ruhe von Mutter Natur, und ich bin sicher, daß ihr das sehr gefallen wird, so wie Du bestimmt glücklich darüber sein würdest. Aber denk immer daran, Dante, daß Du das Glück nicht nur für Dich selbst aufbrauchst, sondern Dich auch zu denen hinunterbeugst, die schwach sind und um Hilfe rufen, hilf den Verfolgten und dem Opfer, weil dies Deine besseren Freunde sind; sie sind die Genossen, die gekämpft haben und gefallen sind, und gestern haben Dein Vater und Bartolo gekämpft und sind gefallen, um die Freude der Freiheit für alle und die armen Arbeiter zu erobern. In diesem Lebenskampf wirst Du mehr Liebe finden, und Du wirst geliebt werden.

Was Deine Mutter mir erzählt hat, was Du gesagt hast in diesen letzten schrecklichen Tagen, als ich in der schändlichen Todeszelle lag – das hat mich glücklich gemacht, weil

es mir gezeigt hat, daß Du der geliebte Junge sein wirst, von dem ich immer geträumt habe.
Was auch immer morgen geschehen sollte, niemand weiß das, aber wenn sie uns töten, darfst Du nicht vergessen, Deine Freunde und Kameraden mit dem lächelnden Blick der Dankbarkeit anzuschauen, so wie Du Deine Lieben anschaust, weil sie Dich lieben wie jeden einzelnen der gefallenen, verfolgten Genossen. Ich sage Dir, Dein Vater, das ist das ganze Leben für Dich, Dein Vater, der Dich liebte und sie kannte und ihren edlen Glauben (der auch meiner ist) kennt, das große Opfer, das sie immer noch für unsere Freiheit bringen, weil ich mit Ihnen gekämpft habe, und sie sind unsere letzte Hoffnung, daß sie uns heute noch vor dem elektrischen Stuhl bewahren können, es ist der Kampf zwischen den Reichen und den Armen um Sicherheit und Freiheit, mein Sohn, den Du in den vor Dir liegenden Jahren verstehen wirst, der Unruhe und des Lebens-Todeskampfes.
Ich habe viel an Dich gedacht, als ich in der Todeszelle lag – die singenden, lieben zarten Kinderstimmen vom Spielplatz, wo das ganze Leben und der Genuß der Freiheit war – bloß einen Schritt von der Mauer, hinter der drei Seelen im Todeskampf liegen, fast schon begraben. Es hat mich so oft an Dich und Deine Schwester Ines erinnert, und ich habe mir so gewünscht, Euch zu sehen. Aber es ist besser, daß Ihr nicht in den Todestrakt gekommen seid, so daß Euch der schreckliche Anblick von drei Menschen, die der elektrische Stuhl erwartet, erspart blieb, weil ich nicht weiß, wie das in Eurem jugendlichen Alter auf Euch gewirkt hätte. Andererseits, wenn Ihr nicht so empfindlich wäret, wäre es morgen für Euch sehr nützlich, dann könntet Ihr die schreckliche Erinnerung daran benutzen, um dem Land die Schande die-

ser grausamen Verfolgung und dieses ungerechten Todes entgegenzuhalten. Ja, Dante, sie können unsere Körper heute kreuzigen, aber sie können unsere Ideen nicht zerstören, die werden der künftigen Jugend bleiben.
Dante, als ich von drei schon fast begrabenen Menschen sprach, wollte ich damit sagen, daß bei uns noch ein junger Mann namens Celestino Maderios ist, der zusammen mit uns auf den elektrischen Stuhl kommen soll. Er war schon zweimal in diesem schrecklichen Todestrakt, der mit den Hämmern wahren Fortschritts zerstört werden sollte - dieser schreckliche Ort, der den Bürgern von Massachusetts auf ewig zur Schande gereichen wird. Sie sollten dieses Haus zerstören und statt dessen eine Fabrik oder Schule bauen, um dort Waisenjungen zu unterrichten.
Dante, ich sage noch mal, liebe Deine Mutter und sei ihr ganz nah in diesen traurigen Tagen, und ich bin sicher, daß Dein tapferes Herz und Deine Güte ihnen helfen wird. Und vergiß auch nicht, mich ein bißchen zu lieben, weil ich an Dich, ach mein Sohn, so viel und so oft denke.
Brüderliche Grüße an alle Lieben, Liebe und Küsse für Deine kleine Ines und Mutter. Allerherzlichste Umarmung

Dein Vater und Kamerad

## BARTOLOMEO VANZETTI

*An Nicola Saccos Sohn Dante* 22. 8. 1927

Aus der Todeszelle des
Massachusetts State Prison

Mein lieber Dante,
Ich hoffe immer noch, und wir werden bis zum letzten Augenblick kämpfen, um unser Recht auf Leben und Freiheit zurückzugewinnen, aber alles, was Macht und Geld hat in diesem Staat, die ganze Reaktion ist auf den Tod gegen uns, weil wir Anarchisten sind. Ich schreibe wenig davon, weil Du jetzt noch zu jung bist, um diese und andere Dinge zu verstehen, die ich gerne mit Dir besprechen würde.

Aber Du wirst älter werden und hoffentlich verstehen, wie es Deinem Vater und mir ergangen ist und was Dein Vater und ich für Prinzipien hatten, Prinzipien, für die wir bald getötet werden.

Ich sage Dir jetzt, daß Dein Vater nach allem, was ich von ihm weiß, kein Verbrecher ist, sondern einer der tapfersten Männer, die ich je gekannt habe. Eines Tages wirst Du verstehen, was ich Dir hier sage. Daß Dein Vater alles, was dem menschlichen Herzen lieb und teuer ist, für seinen Glauben an Freiheit und Gerechtigkeit für alle geopfert hat. An diesem Tag wirst Du stolz auf Deinen Vater sein, und wenn Du tapfer genug bist, wirst Du seinen Platz in dem Kampf zwischen Tyrannei und Freiheit einnehmen, und Du wirst seinen (unseren) Namen und unser Blut rächen.

Wenn wir jetzt sterben müssen, wirst Du, wenn Du diese Tragödie erst in ihrer ganzen Tragweite verstehen kannst, wissen, wie gut und tapfer Dein Vater mit Dir war, Dein

Vater und ich, während dieser acht Jahre des Kampfes, des Leids, der Leidenschaft, Qual und Seelenangst.
Selbst jetzt schon sollst Du tapfer sein, gut zu Deiner Mutter, Ines und Susie, der tapferen guten Susie, und alles tun, was Du kannst, um sie zu trösten und ihnen zu helfen.
Ich möchte Dich auch bitten, mich als Genossen in Erinnerung zu behalten und als Freund von Deinem Vater, Deiner Mutter und Ines, Susie und Dir, und ich versichere Dir, daß ich kein Verbrecher bin und keinen Raub und keinen Mord begangen, sondern nur bescheiden gekämpft habe gegen Verbrechen, die Menschen einander antun, und für die Freiheit von allen.
Denk daran, Dante, jeder, der etwas anderes von Deinem Vater und mir behauptet, ist ein Lügner, der unschuldige Tote beleidigt, die in ihrem Leben tapfer waren. Denk daran und wisse auch, Dante, daß wir, wenn Dein Vater und ich Feiglinge und Heuchler gewesen und unserer Überzeugung abtrünnig geworden wären, nicht hingerichtet worden wären. Aufgrund der Beweise, die sie gegen uns zusammengezimmert haben, hätten sie nicht mal einen aussätzigen Hund verurteilt, nicht mal einen tödlich giftigen Skorpion hingerichtet. Bei den Beweisen, die wir vorgelegt haben, hätten sie einem Muttermörder und gewohnheitsmäßigen Schwerverbrecher ein neues Verfahren zugebilligt.
Denk daran, Dante, denk immer daran; wir sind keine Verbrecher; sie haben uns aufgrund falscher Beweise verurteilt; sie haben uns ein neues Verfahren abgeschlagen; und wenn wir nach sieben Jahren, vier Monaten und siebzehn Tagen unbeschreiblicher Qual und Unrecht hingerichtet werden, geschieht das wegen dem, wovon ich Dir schon geschrieben habe; weil wir für die Armen waren und gegen die Ausbeu-

tung und Unterdrückung des Menschen durch den Menschen.
Die Dokumente über unseren Fall, die Du und andere sammeln und aufbewahren werden, werden Dir beweisen, daß Dein Vater, Deine Mutter, Ines, meine Familie und ich der Staatsräson der amerikanischen plutokratischen Reaktion geopfert worden sind.
Der Tag wird kommen, an dem Du die furchtbare Ursache des obigen in ihrer ganzen Tragweite verstehen wirst. Dann wirst Du uns ehren.
Jetzt, Dante, sei immer tapfer und gut.

P. S. Ich habe *An American Bible* erst einmal Deiner Mutter hinterlassen, weil sie es gerne lesen wird, und sie wird es Dir geben, wenn Du größer und in der Lage bist, es zu verstehen. Behalte es zur Erinnerung. Es wird dir auch davon sprechen, wie gut und großzügig Mrs. Gertrude Winslow zu uns allen war. Auf Wiedersehen, Dante.

Bartolomeo

## D. H. LAWRENCE

Geboren am 11. 9. 1885 in Eastwood (Nottingham), gestorben am 2. 3. 1930 in Vence (bei Nizza). Sohn eines Bergarbeiters. Wurde zunächst Lehrer, dann, nach dem Erscheinen seines ersten Romans 1911, freier Schriftsteller. Heute ist er als Autor der »Lady Chatterley« weltberühmt. Damals erregte seine Botschaft (Sexualität macht frei, der Zwiespalt zwischen Körper und Geist ist eine Zivilisationserscheinung) Anstoß. Man entrüstete sich. So auch John Middleton Murry, Schriftsteller, Kritiker und bis zu ihrem Tod 1923 Ehemann der aus Neuseeland stammenden Schriftstellerin Katherine Mansfield. Die Murrys und die Lawrences (Lawrence war mit Frieda von Richthofen verheiratet) waren einmal eng befreundet.

*An John Middleton Murry* (von seinen Freunden auch Jack genannt)

Hôtel Principe Alfonso,
Palma de Mallorca, Spanien 20. Mai 1929

Lieber Jack,
Dein Brief wurde hierher nachgeschickt - den andern habe ich auch erhalten, den mit den Fotos von den Kindern -, es tut mir schrecklich leid wegen Deiner Frau.
Aber verstehst Du, mein lieber Junge, ganz abgesehen von all meiner Ungeduld und dem »mir egal« weiß ich genau, daß wir »es verpaßt haben«, wie Du Dich ausdrückst. Ich kann Dich nicht verstehen, Deine Gedankengänge sind mir zu hoch. Und Du verstehst mich nicht. In Deiner Besprechung meiner Gedichte hast Du gesagt: »Das ist nicht Leben - so ist das Leben nicht.« Und die gleiche Haltung nimmst Du meinem wahren Ich gegenüber ein. Das Leben ist nicht so - *ergo,* so ein Tier gibt es nicht. Daher mein »mir egal«. Ich habe es satt, mir von Tieren, die bloß andersartig sind, dauernd sagen zu lassen, daß es so ein Tier nicht gibt. Wenn ich eine Giraffe bin, und die Durchschnittsengländer,

die über mich schreiben, nette, manierliche Hunde sind, dann ist es klar, daß die Tiere verschieden sind. Und das Ich, das Du zu lieben behauptest, bin nicht Ich - sondern es ist ein Idol Deiner eigenen Phantasie. Glaube mir: Du liebst mich gar nicht. Das Tier, das ich bin, mißfällt Dir instinktiv - genau wie ich all den Lynds und Squires und Eliots und Goulds instinktiv mißfalle -, und Ihr alle sagt, daß es so ein Tier nicht gibt, oder falls doch, dann sollte es so ein Tier nicht geben - warum also nicht bei Deiner Einstellung bleiben? Wenn ich der einzige Mann in Deinem Leben bin, dann nicht, weil ich ich bin, sondern bloß, weil ich das Staubkorn lieferte, auf dem Du deinen Kristall eines imaginären Mannes aufgebaut hast. Wir kennen einander nicht - wenn Du wüßtest, *wie* wenig wir einander kennen! Und wir sollten nicht so tun als ob. Dadurch, daß wir früher manchmal so taten als ob, hatten wir es sehr vergnüglich zusammen. Aber immer mußten wir so tun als ob - und das konnte keiner von uns durchhalten. Glaube mir, Du und ich, wir gehören verschiedenen Welten an, verschiedenen Bewußtseinswegen, und das beste, was wir tun können, ist, einander in Ruhe zu lassen, immer und ewig. Wir sind eine Dissonanz.
Mein Gesundheitszustand ist eine große Plage, jedoch keineswegs ganz hoffnungslos, und ich denke nicht daran, ins Gras zu beißen. Nächste Woche wollen wir eine kurze Rundreise durch Spanien machen - dann in den Norden fahren. Mach also keine Pläne, nach Mallorca zu kommen. Unsre Begegnung würde nichts nützen - selbst wenn wir unsterbliche Geister sind, werden wir nicht im gleichen Hades wohnen. Warum sich nicht drein fügen? Aber ich hoffe sehr, daß es Deiner Frau besser geht und daß die Kinder gesund und munter sind.

D.H.L.

## KURT TUCHOLSKY

Geboren am 9. 1. 1890 in Berlin. Freitod am 21. 12. 1935 in Hindås (Schweden). Sohn eines wohlhabenden jüdischen Kaufmanns. Jurastudium. Soldat im Ersten Weltkrieg. Danach überzeugter Pazifist und Sozialist. Mitarbeiter und zeitweilig Herausgeber der »Weltbühne«. Von 1924 bis 1929 als Korrespondent meist in Paris. Danach in Schweden. 1933 wurden seine Bücher von den Nazis verboten und verbrannt. Er selber wurde ausgebürgert. Vereinsamt und resigniert, nahm er am 19. 12. 35 das Gift, an dem er zwei Tage später starb. Die dem Abschiedsbrief an seine frühere Frau Mary vorangestellten Zeilen waren auf das verschlossene Kuvert geschrieben.

### *An Mary Gerold-Tucholsky*

[Hindås] [19. 12. 35]

Sollte Er verheiratet oder ernsthaft gebunden sein, so bitte ich Ihn, diesen Brief ungelesen zu vernichten. Ich mag mich nicht in ein fremdes Glück drängen - ich will ja nichts. Ich habe nichts zu enthüllen, nichts zu sagen, was Er nicht besser wüßte als ich. Ich habe Ihn nur um Verzeihung bitten wollen. Verspricht also zu verbrennen, wenn das so ist - es soll nichts mehr aufgerührt werden. Wünscht Ihm das Glück.

N.

Liebe Mala,
will Ihm zum Abschied die Hand geben und Ihn um Verzeihung bitten für das, was Ihm einmal angetan hat.
Hat einen Goldklumpen in der Hand gehabt und sich nach Rechenpfennigen gebückt; hat nicht verstanden und hat Dummheiten gemacht, hat zwar nicht verraten, aber betrogen, und hat nicht verstanden.

Ich weiß, daß Er nicht rachsüchtig ist. Was er damals auf der Rückfahrt nach Berlin durchgemacht hat; was späterhin gewesen ist -: ich habe es reichlich abgebüßt. Ganz klar, so klar wie das Abbild in einem geschliffenen Spiegel, ist mir das ganz zum Schluß geworden. Nun kommt alles wieder, Bilder, Worte, diese unsäglichen nuits blanches, die ich mir völlig bis auf den heutigen Tag nur damit erklären kann, daß ich es zu hoch angefangen habe, so daß jede Berührung mit der Erde wie eine Entweihung war - die paar Male, wo ich Ihn gefühlt habe, wie nur ein Mann eine Frau fühlen kann, und wie ich Ihn habe gehen lassen - jetzt, wo alles vorüber ist, weiß ich: ich trage die ganze, die ganze Schuld.
Die letzten Nächte habe ich im Bett die Hand nach rechts ausgestreckt, da war keiner. Es ist dasselbe Bett, in dem zum letzten Mal mit Ihm in der Nacht vom 2. zum 3. Dezember 1926 geschlafen hat, wo er gekommen ist, wie ein Tier, das etwas wittert - und hat, wie immer, richtig gewittert. Und jetzt sind es beinah auf den Tag sieben Jahre, daß weggegangen ist, nein, daß hat weggehn lassen - und nun stürzen die Erinnerungen nur so herunter, alle zusammen. Ich weiß, was ich in Ihm und an Ihm beklage: unser ungelebtes Leben. Wäre die Zeit normal (und ich auch), so hätten wir jetzt ein Kind von, sagen wir, 12 Jahren haben können, und, was mehr ist, die Gemeinsamkeit der Erinnerungen.
Hat nicht mehr zu rufen gewagt. Hofft, daß Er meiner Bitte auf dem Umschlag entsprochen hat - das andere wäre nicht schön. Ich darf also annehmen, daß, wenn Er dies liest, er nicht ein Glück stört, das ich mir nicht habe verdienen können.
Nein, zu rufen hat nicht mehr gewagt. Ich habe aus leicht begreiflichen Gründen niemals irgendwelche »Nachforschungen« angestellt; ob Er verheiratet ist, hätte man mir sagen

können – das andere nicht. Und hat vor allem nicht gewagt, weil Ihn nun noch ein zweites Mal aus der Arbeit und allem nicht hat herausreißen dürfen –: ist krank und kann sich nicht mehr verteidigen, geschweige denn einen andern. Mir fehlt nichts Wichtiges und nichts Schweres – es sind eine Reihe kleiner Störungen, die mir die Arbeit unmöglich machen. Ins Elend, das sicher gewesen wäre, konnte Ihn nicht herausrufen – ganz abgesehen davon, daß ich niemals gehofft habe, ob gekommen wäre. Doch. Hat gewußt.
Wäre Er jetzt gekommen, Er hätte nicht einen andern, aber einen verwandelten, gereifteren gefunden. Ich habe über das, was da geschehen ist, nicht eine Zeile veröffentlicht – auf alle Bitten hin nicht. Es geht mich nichts mehr an. Es ist nicht Feigheit – was dazu schon gehört, in diesen Käseblättern zu schreiben! Aber ich bin au dessus de la mêlée, es geht mich nichts mehr an. Ich bin damit fertig.
Und so viel ist nun frei geworden, jetzt, jetzt weiß ich – aber nun nützt es nichts mehr. Hat anfangs Dummheiten gemacht, den üblichen coup de foudre für 2.50 francs, halbnötige Sachen und hat auch gute Freundschaften gehabt. Aber ich sehe mich noch nach Seiner Abfahrt im Parc Monceau sitzen, da, wo ich mein Paris angefangen habe – da war ich nun »frei« – und ich war ganz dumpf und leer und gar nicht glücklich. Und so ist es denn auch geblieben.
Seine liebevolle Geduld, diesen Wahnwitz damals mitzumachen, die Unruhe, die Geduld, neben einem Menschen zu leben, der wie ewig gejagt war, der immerzu Furcht, nein, Angst gehabt hat, jene Angst, die keinen Grund hat, keinen anzugeben weiß – heute wäre sie nicht mehr nötig. Heute weiß. Wenn Liebe das ist, was einen ganz und gar umkehrt, was jede Faser verrückt, so kann man das hier und da empfinden. Wenn aber zur echten Liebe dazu kommen muß,

daß sie *währt,* daß sie immer wieder kommt, immer und immer wieder -: dann hat nur ein Mal in seinem Leben geliebt. Ihn.

Es war wie Glas zwischen uns - ich war schuld. Hat nicht gewagt, die paar Witzchen zu machen, die ein junger Mensch gern machen will, und dabei hat Er sie ja grade gewollt. Hat eine lächerliche »Freiheit« auf der andern Seite vermutet, wo ja in Wahrheit gar nichts ist. Hat immer stiller und stiller gelebt, jetzt ist wie an den Strand gespült, das Fahrzeug sitzt fest, will nicht mehr.

Will Ihn nur noch um Verzeihung bitten.

Ich bin einmal Schriftsteller gewesen und habe von S. J. geerbt, gern zu zitieren. Wenn Er wissen will, wie sich das bei den Klassikern ausnimmt, so lies den Abschiedsbrief nach, den Heinrich von Kleist an seine Schwester geschrieben, in Wannsee, 1811. Und vielleicht auch blättere ein bißchen im »Peer Gynt« herum, ich weiß nicht, ob wir das Stück zusammen gesehen haben, es ist nicht recht aufführbar. Da kraucht der Held gegen den Schluß hin im Wald herum, kommt an die Hütte, in der dieses Schokoladenbild, die Solveig, sitzt, und sie singt da irgend etwas Süßliches. Aber dann steht da: »Er erhebt sich - totenbleich« - und dann sagt er vier Zeilen. Und die meine ich.

»O - Angst« . . . nicht vor dem Ende. Das ist mir gleichgültig, wie alles, was um mich noch vorgeht, und zu dem ich keine Beziehung mehr habe. Der Grund, zu kämpfen, die Brücke, das innere Glied, die raison d'être fehlt. Hat nicht verstanden.

Wünscht Ihm alles, alles Gute -
und soll verzeihen. Nungo

## VIRGINIA WOOLF

Geboren am 25. 1. 1882 in London. Freitod am 28. 3. 1941 in Lewis (Sussex). Mit zweiundzwanzig Jahren im Mittelpunkt der mittlerweile legendären Bloomsbury Group, einer Gemeinschaft junger Maler, Schriftsteller, Wissenschaftler und Kritiker, die das englische Geistesleben stark beeinflußte. Schrieb Romane (»Mrs. Dalloway«, »Orlando«, »Jakobs Raum« u.a.) und Essays (über die Stellung der Frau: »Ein Zimmer für sich allein«). Gründete zusammen mit ihrem Mann, Leonard Woolf, die Hogarth Press. Nachdem sie schon einmal vorübergehend geisteskrank gewesen war, beschwerte sie ihre Taschen mit Steinen und ertränkte sich im Fluß, als sie die Krankheit von neuem nahen fühlte.

*An Leonard Woolf* (28. 3. 1941)

Liebster,
ich spüre genau, daß ich wieder wahnsinnig werde. Ich glaube, daß wir eine solche schreckliche Zeit nicht noch einmal durchmachen können. Und diesmal werde ich nicht wieder gesund werden. Ich höre Stimmen, und ich kann mich nicht konzentrieren. Darum tue ich, was mir in dieser Situation das Beste scheint. Du hast mir das größtmögliche Glück geschenkt. Du bist mir alles gewesen, was einem einer sein kann. Ich glaube nicht, daß zwei Menschen haben glücklicher sein können – bis die schreckliche Krankheit kam. Ich kann nicht länger dagegen ankämpfen. Ich weiß, daß ich Dir Dein Leben ruiniere und daß Du ohne mich würdest arbeiten können. Und ich weiß, Du wirst es tun. Du siehst, nicht einmal das kann ich richtig hinschreiben. Ich kann nicht lesen. Was ich sagen möchte, ist, daß ich alles Glück meines Lebens Dir verdanke. Du bist unglaublich geduldig mit mir und unglaublich gut zu mir gewesen. Das

möchte ich sagen – jeder weiß es. Hätte mich jemand retten können, wärest Du es gewesen. Alles, außer der Gewißheit Deiner Güte, hat mich verlassen. Ich kann Dein Leben nicht länger ruinieren.
Ich glaube nicht, daß zwei Menschen glücklicher hätten sein können, als wir gewesen sind.

## CAMILLE MOGENET

Geboren am 9. 2. 1910 in Melreux-Hotton (Belgisch Luxemburg). Hingerichtet am 22. 10. 1941 auf dem Schießplatz von Schaerbeek-Brüssel. Fliegerleutnant. Im Januar 1941 verhaftet, als er mit zwei Kameraden, Jean Deraeve und Georges Dehavay, die Linien der Alliierten zu erreichen suchte. In das Gefängnis St. Gilles in Brüssel eingeliefert und zum Tode verurteilt.

*An seinen Bruder* St. Gilles, 21. 10. 1941 - 20 Uhr

Mein liebster Jo!
Der Wahlspruch, den Du mir immer in den schwersten Stunden meines Lebens gegeben hast, lautete: Mut und Hoffnung. Du warst immer mein Beschützer und meine Stütze, und Du hast mich nie im Stiche gelassen. Ich wurde geprüft und Du hast mir geholfen. Nun ist es an Dir, mein liebster Jo, die Prüfung zu bestehen, und an mir, Dir zu helfen. Meine Hilfe wirst Du nicht mit Deinen körperlichen Sinnen wahrnehmen können, denn ich werde nicht mehr auf dieser Erde weilen; unsichtbar, wird sie desto wirklicher und wirksamer sein. Ja, Dich und Papa, Mama und meine Brüder sucht die Prüfung heim, denn zur Stunde, da Ihr in Eurem Herzen leiden werdet, werde ich nicht mehr sein, ich werde das Ziel erreicht haben, um dessentwillen wir erschaffen wurden. Mich hat Gott erwählt, daß ich für Euch den Weg bereite und auf Euch warte.
Dieser allerletzte Brief, den ich Dir schreibe, will Dich wissen lassen, was Du immer schon gewußt hast: unser Leben hier ist nur eine Reise. Er gibt Dir Kenntnis von meinem letzten Befinden, meinem letzten Seelenzustand: eine bis heute mir unbekannte Ruhe ist in mir, ein vollkommener,

unschätzbarer Friede. Es ist mir ein Gefühl der Befreiung, frei von aller Angst vor dem Jenseits, ein Vorwissen der Unendlichkeit. Denke nicht, Dein Bruder sei eine Beute der Furcht, der Verzweiflung (diese Worte scheinen mir ohne jeden Sinn): in meinen Augen sind keine Tränen; wenn Du mich sehen könntest, sähest Du nur Ruhe und Vertrauen. Ich lebe in einer Gesammeltheit, die Du beneiden müßtest; ich bin nicht egoistisch, wenn ich in mir wie eine Freude empfinde, die Freude, in einigen Stunden die Unendlichkeit kennenzulernen, welche Dich auch Deine Studien und Deine Gebete noch nicht verstehen lassen können; ich lebe keineswegs in einer Agonie, ich lebe schon ein neues Leben. Meine Heiterkeit wächst noch, wenn ich an Euch alle denke, denn ich vergegenwärtige mir, wie sehr ich, mehr als je, Euch allen, die ich liebe, nahe sein werde und wie sehr ich Euch helfen werde.

Seit dem Augenblick, da man mich um halb sieben abends aus meiner Zelle holte, habe ich den Grund dieses späten Aufrufs verstanden; es ist, wie wenn ein Schleier zerrissen wäre, und ich habe die Dinge nicht mehr mit den gleichen Augen wie noch eine Minute vorher gesehen. Ruhig, ohne Groll, habe ich dem, was man mir vorlas, zugehört; es umgab mich eine Atmosphäre der Hochachtung. Der Tod gleicht die Gefühle aus, eint sie. Und ich verbringe meine letzte Nacht in einer anderen Zelle, die von einer Ruhe erfüllt ist, die, weit entfernt, mich zu erschrecken, mich vielmehr beruhigt und der Vision meines ewigen Morgen, das ein ewiges Heute sein wird, noch mehr Größe gibt. Als ich am 18. Januar dieses Jahres ins Gefängnis kam, war ich mir sicherlich nicht des ganzen Ernstes meiner Lage bewußt; immerhin wollte ich mir alles, was die Zukunft bringen könnte, vergegenwärtigen; ich habe das Bild des allfälligen Todes nicht von mir gewiesen. Jedoch, ich war weit davon entfernt, mit aller Stärke die Wahrheit durchzuleben, die ich in diesem Augenblick erfahre; meine Reise ist zu Ende, das Ziel ist nahe, ich sehe es und erfasse es. Und ich bin glücklich, mit einem Glück, das kein Trug ist.

Ich bewundere selber diese friedliche Ruhe, die in mir ist; sie kam zu mir nicht durch einen Akt des Willens, sie ist mir geschenkt. Versteh dies, und Du wirst nicht leiden, wenn Du die harte Wahrheit meines Loses erfährst, eine harte Wahrheit, weil Du Mensch bist und mein Bruder, aber milde Wahrheit und fruchtbar für Dein Priesterherz. In Dir, ich weiß es, lebt immer noch der Mensch; aber der Priester herrscht vor, und er ist es, der in Dir vorherrschen soll, wenn Du erfährst, daß ich die engen Grenzen meines Leibes verlassen habe; mein lieber Jo, ich lebe weiter; es ist keineswegs eine gänzliche Vernichtung, das Nichts, das mich erwartet, es ist das wahre Leben. Und ich bleibe mit Dir vereint mehr denn je, arbeitend mit Dir in Deinem Apostelamt mehr denn je. Die Bruderliebe, die uns einte, hört nicht auf in einigen Stunden; sie wird wirklicher und lebhafter und fruchtbarer sein. Ich habe Dich geliebt; ich werde nicht aufhören, Dich zu lieben. Wir werden uns gegenseitig helfen, täglich: Du während der Messe, ich in jedem Augenblick, da es für mich weder Tag noch Nacht geben wird, sondern eine immerwährende Gegenwart. Ich werde übrigens nicht allein sein, Dir zu helfen; während dieser letzten drei Jahre habe ich nie aufgehört, an meine geliebte Denise zu denken; ich sehe jetzt so klar, daß wir unaufhörlich verbunden waren; sie und ich, wir werden mit Dir sein, mit Euch allen; für uns sind Tertre Nimy, Binche und Fontaine-l'Evêque nur *ein* Ort: wir werden mit Euch allen sein. Und Du wirst an keines von uns denken, ohne nicht auch an das andere zu denken. Schon morgen, mein lieber Jo, wirst Du diese Kraft fühlen, die wir Dir geben werden, damit Du das Band, der Friede und die Stärkung seiest, die alle jene einigt, die mich lieben und die wir kennen. Du wirst stark sein in Deiner Ergebung, und Du wirst über Papa und Mama wachen, über meine Schwiegereltern, über meine Freunde in Fontaine. Du wirst es bewirken, daß sie sich alle an jenen wenden, der gesagt hat: »Kommet zu mir, die ihr leidet und weinet« und »Ich bin das Leben«. Du wirst ihnen sagen, daß es ihre Pflicht ist, das Leben hier auf Erden bejahend weiterzuleben, hier die Pflichten zu erfüllen, die auf sie warten.

Kaplan V. hat viel dazu beigetragen, meine letzten Stunden mit himmlischem Gehalt zu erfüllen; um Mitternacht wird er die Messe für uns drei lesen, und wir werden die Kommunion ein letztes Mal empfangen, bevor wir in den vollkommenen Besitz eingehen; um 7 Uhr 45 wird mein irdisches Amt zu Ende sein; bis zum letzten Augenblick werde ich Euch mit meinen Sinnen geliebt haben; mein liebster Jo, ich nehme meinen Tod an, ich weiß, was er mir gibt: er bringt uns alle näher zueinander. Sei stark und tapfer! Und Du wirst stark sein, wenn Du es annimmst und wenn Du Dich damit abfindest. Und ich zweifle nicht an Dir, weil Du glaubst.

Ich vertraue Dir an, bevor ich gehe, Papa, Mama, meine Brüder, meine Schwiegereltern, meine Freunde. Dich möge Gott, so bitte ich ihn, auserwählen, darum besorgt zu sein, daß ruhige Ergebung einkehre, da Du sein Priester bist für immer. Ich tue dies auch, weil ich immer eine besondere Liebe zu Dir hatte. Nicht ein Lebewohl, mein geliebter Jo, sondern auf ein baldiges Wiedersehn! Kannst Du verzweifeln, weil ich in den Hafen einfahre und den wahren und wahrhaftigen Frieden kennenlerne? Ich wiederhole Dir, ich verlasse Dich nicht; ich verlasse auch nicht unsere gemeinsamen Freunde aus dem Collège. Mögen auch sie an mich denken.

Denke immer an den Frieden, der in mir war in diesen letzten Stunden, und Du wirst Dich stärker fühlen. Und danke dafür Gott wie ich. Ich umarme Dich zärtlich und aus ganzem Herzen. Dein Bruder, der immer an Dich dachte und immer an Dich denken wird.

Camille

21.30 21. 10. 41

## HARMEN VAN DER LEEK

Holländischer Widerstandskämpfer. Letzter Brief vor der Erschießung.

*An einen Freund* Amsterdam, 17. November 1941

Geliebter Pastor und Freund!
Was haben wir wieder erlebt! Am Freitag wurden wir erst zu viert im Auto nach Amsterdam gebracht und waren sehr aufgeräumt. Einem von uns war gesagt worden, daß wir noch einmal verhört würden, und das konnte eine günstige Wendung sein, nachdem das Todesurteil schon verkündet war. Aber der Schlag, der dann kam, war um so härter. Wir hatten noch drei Stunden zu leben, und wir konnten unsern letzten Brief schreiben. Das habe ich getan und wartete dann auf ihr Kommen. Pfr. Ferwerda sprach ich noch einen Augenblick und konnte ihm versichern, daß alles gut mit mir stünde. Ich konnte auch nichts anderes sagen, denn ich war unaussprechlich ruhig und voll Mut. Wie hätte ich auch sonst so heiter sein können. Ich konnte von allen und von allem Abschied nehmen – und damit war das letzte Band, das mich noch an die Erde gebunden, gelöst. Dann aber, eine viertel Stunde vor der festgesetzten Zeit, kam der Bericht: Aufschub. Das hat mich vollkommen niedergeschlagen. Den Tod vor meinen Augen, geriet ich keine Minute in Anfechtung, mein Gottvertrauen blieb stark. Als ich in die furchtbare, schwer vergitterte Todeszelle eingeschlossen wurde, bekam ich sogar einen Augenblick eine Anwandlung, laut zu singen. Ich betrachtete mit einem Lächeln das viele Eisen. Als dann die Türe sich hinter mir schloß, dachte ich: Nun fällt für mich die Türe zum Leben

für immer zu. Aber sogleich kam mir der helle und feste Gedanke: Auch hieraus kann Gott, wenn er will, noch befreien! Aber ich hatte nicht den geringsten Schmerz und keine Enttäuschung, nicht das geringste Verlangen, daß Er es tun möge. Doch aus der Gewißheit des Todes wieder in Angst und Zweifel und neue Erwartung geworfen, wurde ich innerlich schwach. Wohl blieb ich Gottes unaussprechlicher Güte in Jesus Christus gewiß, und gewiß, daß Er es besser weiß als ich, aber ich mußte doch schreiend und schluchzend Seine besondere Hilfe anrufen, um diesen neuen Schreck auszuhalten. Zwei Tage hatte ich mit meinem Zellengenossen darunter gelitten, zuweilen haben wir über Gottes reiche Gnade miteinander sprechen können, aber die Gewißheit, daß ich gerettet würde, ist vorbei. Ich bin dadurch nicht in Aufruhr gegen Gott geraten - ich habe in der ersten schlaflosen Nacht von Freitag auf Samstag den letzten Kampf durchgekämpft und aufs neue bitten gelernt: Dein Wille geschehe! Ich habe gesagt: Herr, nun kann ich nicht mehr, hier hast Du mich ganz, ohnmächtig und erschlagen. Ich erwarte jetzt nichts mehr als Deine Gnade! Aber mein Glaube war nicht erschüttert - ich bin nur zu diesem Ergebnis gekommen, daß Gottes Plan für diese Zeit oder für die Ewigkeit mit mir noch nicht fertig war. Über Nacht wurde ich wach und fühlte, daß mein ganzer Glaube zurückgekehrt war. Noch fühle ich Schmerz und Angst, denn nun weiß ich, was mir wahrscheinlich bevorsteht, und das beruhigt mich auch, weil es nicht mehr unerwartet kommt, aber ich bin gewiß, daß Gott uns auch da hindurchhelfen wird. Wir stehen nun in der letzten Bereitschaft. Dabei besitze ich noch meinen vollen Glauben an Gottes Wundermacht; auch jetzt kann Er uns noch retten und die letzten Bemühungen für uns in Berlin segnen. Aber ich fühle, daß ich nach dieser Möglichkeit nicht mehr greifen mag, sondern nur still wie ein Kind die Entscheidung meines Vaters abwarten will. Ich muß leiden, aber nicht als einer, der ohne Hoffnung ist. Was kommt, ist immer gut, wird sogar von ungeahnter Herrlichkeit sein. Wir bitten, daß wir hier noch leben dürfen als kräftige Zeugen des Heilands; mehr verlangen wir nicht. Sie sehen, eine klare und reine Haltung ist mir nicht gegeben, aber ich warte auf den Herrn . . .

Ihr zugeneigter Harmen van der Leek

## BORGEN BÖE

Geboren am 30. 11. 1908 in Klepp (Stavanger). Hingerichtet am 29. 12. 1941 bei Nannestad (Oslo). Fabrikdirektor. Nach der Kapitulation Norwegens im Widerstand. Am 28. Juli 1941 infolge einer Anzeige in seinem Haus in Stavanger (Rogaland) verhaftet. Ins Bezirksgefängnis von Stavanger und von dort im November 1941 in die Festung Akershus (Oslo) überführt. Gefoltert. Im Dezember 1941 vom deutschen Kriegsgericht in Oslo abgeurteilt und am 29. Dezember 1941 mit zehn anderen Patrioten im Wald von Nannestad erschossen.

*An seine Familie* Akershus, den 29. 12. 41

Alle meine Lieben!
Wie Ihr längst erfahren habt, wurde unser Gesuch leider abgeschlagen, und wir gehen unserem Schicksal entgegen. Wir waren ja seit der Urteilsverkündung aufs Schlimmste vorbereitet, und so waren wir auch aufs Schlimmste eingestellt. Sitze nun hier in kameradschaftlichem Beisammensein und genieße den letzten Abend meines Lebens. Am schlimmsten ist es für uns, an Euch zu denken, und was für ein schrecklicher Schlag es für die Zurückbleibenden ist. Wir hoffen alle, daß Ihr es mit derselben Kraft ertragt wie wir. Wir hätten Euch gern bei uns, damit Ihr sehen könntet, wie wir es tragen. Ihr wäret erstaunt und würdet es für unmöglich halten. Wenn wir von einem zum Tode Verurteilten lasen oder hörten, dachten wir, es müßte gräßlich sein, in eine solche Lage zu geraten. Aber nachdem wir nun selbst darin sind, nehmen wir es wie etwas Alltägliches hin. Wir fühlen uns alle so befreit und ruhig. Wir fühlen uns in Frieden mit der Welt und mit unserer Umgebung und fühlen gegen niemand irgendwelchen Haß. Und wir hoffen, daß

Ihr genau so fühlt. Aus Haß entsteht nichts Gutes. Wir sind alle Schachfiguren in einem großen Spiel und haben keine Herrschaft über unsere Handlungen. Am meisten plagt es mich, daß ich solches Leid über Euch bringe. Aber ich hoffe, daß Ihr es im gleichen Geist ertragt wie wir. Denkt daran: Wir müssen ja alle früher oder später sterben, und auf bessere Weise könnte es nicht geschehen. Bedenkt, daß wir ebensogut wie Vater jahrelang auf dem Schmerzenslager liegen und leiden könnten. Da haben wir es doch viel besser. Anscheinend hat unsere Stunde geschlagen, und es gibt keinen Ausweg. Ich bin dankbar, daß es mir beschieden war, bis Dirval am Leben zu bleiben. Wie anders hätte es sonst ausgesehen. So konnte ich die Anlage beenden und alles in Gang bringen. Es ist ein Trost, zu wissen, daß sie fertig ist und bereit für die Zeit nach dem Krieg. Im übrigen haben wir uns geeinigt, daß alle Pastor Hauge einen Pokal schenken werden, in dem alle Namen eingraviert sein sollen. Aber die Entscheidung überlassen wir allen Hinterbliebenen. Im übrigen bitte ich Euch, in meinem Namen einen Kranz auf Vaters Grab zu legen. Ich glaube, er wäre stolz auf mich, wenn er noch am Leben wäre. Ich hatte immer im Sinn, das selbst zu tun, wenn das Geschäft in richtigem Gang wäre, so daß ich es mit gutem Gewissen hätte tun können. Ich weiß, er glaubte an mich und hoffte, daß ich mir eine gute Zukunft schaffen würde. Und mir scheint, daß es mir auch gelungen wäre. Darum bitte ich Euch, den Kranz von mir niederzulegen. Nehmt meinen Dank für Euren Stolz auf mich. Nun wünsche ich Euch alles Gute für die Zukunft. Grüßt alle Bekannten. Grüßt Onkel und Tante Skretting und alle Bekannten, auch meine Freunde in Amerika, wenn der Friede gekommen ist. Aber am meisten seid selbst gegrüßt, die Ihr mir mit Mutter zu Weihnachten telegraphiert habt. Guy streichle ich die Wange. Nun werden wir uns in einer glücklicheren und besseren Welt treffen. Gott sei mit Euch allen.

Herzliche Grüße. Borgen

## DANIEL DECOURDEMANCHE

Geboren am 21. 2. 1910 in Paris. Hingerichtet am 30. 5. 1942 in Paris. Lehrer. Schriftsteller und Publizist (mit dem Pseudonym Jacques Decour). Übersetzer (aus dem Deutschen). Schrieb Essays über Deutschland und die deutsche Literatur. Trat nach Hitlers Machtergreifung der Französischen Kommunistischen Partei bei. Ging nach der Besetzung Frankreichs in den Widerstand. Gründete mehrere Untergrundzeitungen. Am 19. 2. 1942 von der französischen Polizei in Paris verhaftet und ins Gefängnis »La Santé« eingeliefert. Von französischen Kollaborateuren und der Gestapo gefoltert. Zusammen mit dem Physiker Jacques Solomon und dem Philosophen Georges Politzer ohne Prozeß erschossen.

*An seine Eltern* Samstag, 30. Mai 1942 - 6.45 Uhr

Meine lieben Eltern!
Ihr erwartet seit langem einen Brief von mir. Ihr habt sicher nicht gedacht, diesen zu erhalten. Auch ich hoffte, daß ich Euch diesen Kummer ersparen könnte. Wißt jedoch, daß ich bis ans Ende Eurer würdig geblieben bin, auch unseres Landes, das wir lieben.
Schaut, ich hätte ebensogut im Kriege sterben können oder im Bombardement dieser Nacht. Auch bereue ich nicht, diesem Ende einen Sinn gegeben zu haben. Ihr wißt wohl, daß ich kein Verbrechen begangen habe, Ihr müßt wegen mir nicht erröten; ich habe gewußt, die Pflicht eines Franzosen zu erfüllen. Ich glaube nicht, daß mein Tod eine Katastrophe bedeutet; denkt in diesem Augenblick, daß Tausende von Soldaten aller Länder jeden Tag sterben, daß auch sie vom großen Wind, der auch mich wegträgt, hinweggeweht werden.
Ihr wißt, daß ich seit zwei Monaten bereits auf das wartete, was mir heute morgen geschieht, auch habe ich Zeit gehabt,

mich darauf vorzubereiten, doch da ich keine Religion habe, habe ich nicht über Betrachtungen über den Tod nachgegrübelt: ich betrachte mich ein wenig wie ein Blatt, das vom Baume fällt, um zu Dünger zu werden. Die Qualität des Düngers hängt aber von derjenigen der Blätter ab. Ich möchte von der Jugend Frankreichs sprechen, in die ich meine ganze Hoffnung setze.

Meine geliebten Eltern, ich werde zweifellos in Suresnes sein, wenn Ihr es wünscht, könnt Ihr meine Überführung nach Montmartre verlangen.

Ihr müßt mir diesen Kummer verzeihen, den ich Euch bereite. Meine einzige Sorge seit drei Monaten war mir Eure Besorgnis. Jetzt muß ich Euch lassen ohne Euren Sohn, der Euch mehr Sorgen als Freude bereitet hat. Doch seht, er ist trotzdem zufrieden über das Leben, das er gelebt hat und das sehr schön war.

Und nun einige Aufträge. Ich habe ein Wort an jene, die ich liebe, senden können. Wenn Ihr sie bald seht, ich hoffe es, seid ihr zugeneigt, es ist dies mein größter Wunsch. Ich möchte auch, daß Ihr Euch um ihre Eltern, die in Not sind, kümmern könntet. Entschuldigt mich bei ihnen, daß ich sie so verlasse: ich tröste mich, indem ich denke, daß Ihr Wert darauf legt, ihren »Schutzengel« zu ersetzen.

In letzter Zeit habe ich mir oft vorgestellt, welch gute Mahlzeit wir zubereiten werden, wenn ich in Freiheit gesetzt werde - Ihr werdet sie ohne mich zubereiten, doch nicht in Traurigkeit, ich bitte Euch. Ich möchte nicht, daß sich Eure Gedanken bei den schönen Dingen aufhalten, die mir hätten zufallen können, sondern bei jenen, die wir in der Tat erlebt haben. Während dieser zwei Monate der Abgesondertheit, ohne Lektüre, habe ich alle meine Erfahrungen, alle meine Reisen, alle meine Feste durchdacht, ich habe sogar einen Plan zu einem Roman gemacht. Der Gedanke an Euch hat mich nie verlassen, und ich wünsche, daß Ihr, wenn es nötig ist, viel Geduld und Mut und besonders keinen Groll habt.

Sagt alles Liebe meinen Schwestern, der unermüdlichen Denise, die sich so sehr aufgeopfert hat für mich, und der lieben Mutter von Michel und von J. Denis.

Am Schluß dieses Briefes werde ich einige Zeilen an Brigide schreiben, Ihr werdet sie ihr abschreiben. Gott weiß, wie sehr ich an sie gedacht habe. Sie hat ihren Vater seit zwei Jahren nicht gesehen.

Wenn Ihr Gelegenheit habt, so laßt durch meinen Vertreter meinen Schülern sagen, daß ich sehr an die letzte Szene von Egmont und den letzten Brief von Th. K. an seinen Vater gedacht habe, mit allem Vorbehalt der Bescheidenheit.

Beste Grüße an meine Kollegen und an den Freund, für den ich Goethe so gut wie möglich übersetzt habe.

Es ist acht Uhr; es wird Zeit zu gehen.

Ich habe gegessen, geraucht, Kaffee getrunken. Ich sehe nichts mehr, das geregelt werden müßte.

Meine geliebten Eltern, ich umarme Euch von ganzem Herzen. Ich bin ganz nahe bei Euch, und der Gedanke an Euch verläßt mich nicht.

Euer Daniel

## RUDOLF UND MARIE FISCHER

Rudolf Fischer, geboren am 5. 12. 1905 in Wien. Hingerichtet am 28. 1. 1943 in Wien. Fabrikvorarbeiter. Bis 1934 Sozialdemokrat, dann Mitglied der kommunistischen Partei. Gründete 1938 die nach seinem Decknamen benannte Widerstandsgruppe »Siegel«.
Marie Fischer, geboren am 12. 9. 1903 in Wien, hingerichtet am 30. 3. 1943 in Wien. Hausfrau. Mitarbeiterin ihres Mannes in der Gruppe »Siegel«, insbesondere mit der Verbindung zur Provinz beauftragt.
Beide wurden am 29. 4. 1941 von der Gestapo verhaftet. Gefoltert. Dem Landesgericht I in Wien überwiesen. Er am 6. 11. 1942 und sie am 6. 12. 1942 abgeurteilt. Im Landesgericht I enthauptet.

### *Rudolf Fischer an seine Tochter Erika*

Liebe Erika!
Wenn ich an Dich denke, so sehe ich Dich immer in heller Sommersonne vor mir, so wie ich Dich auf unseren unzähligen Ausflügen sah. Liebes Kind, Dir wird noch viel Glück blühen. Sehne Dich nicht nach Vergangenem! Was war, kommt nie wieder. Zurücksehnen ist zwecklos und lähmt nur Deine Kräfte. »Aufwärtsblicken, vorwärtsdrängen . . .« Tu immer das, was Du für richtig hältst, lass Dich nicht gegen Deine innere Überzeugung überreden, Dinge zu tun, die Du für unrichtig hältst. Tu das Notwendige immer sofort, ohne Zögern, schiebe nichts auf! Es rächt sich jede Unentschlossenheit! Sei immer in der Gegenwart mit Deinen Gedanken, verliere Dich nicht in Träumereien. So wertvoll und notwendig Phantasie ist, zuviel davon hemmt die Wirklichkeit Deiner Gedanken, führt in Sackgassen. Liebes, liebes Buckerl! Der Sinn des Lebens ist eben: leben. So gut wie möglich leben. Den weiteren Sinn mußt Du selbst Deinem Leben geben. Glaube mir: der Mensch der für sich lebt,

*Maria Stuart*
*Gemälde aus der Schule*
*von Jean Clouet*

*Elizabeth I. von England*
*Gemälde von*
*Marcus Greehaerts*

*Karoline von Günderrode*
*Kupferstich*

*Georg Friedrich Creuzer*
*Pastell von Carl Roux*

*Heinrich von Kleist*
*Kupferstich von H. Sagert*
*nach einem Miniatur-*
*bildnis von 1801*

*Ulrike von Kleist*
*Zeitgenössisches*
*Miniaturbild*

*Fjodor M. Dostojewski*
*Gemälde von Perow*

*Oscar Wilde und*
*Lord Alfred Douglas*
*Nach einer Fotografie*
*in der William Andrews*
*Clark Memorial Library*

*Carl Gustav Jung*

*Sigmund Freud*

*Franz Kafka und*
*Felice Bauer*
*1917 in Budapest*

*Kurt Tucholsky und*
*Mary Gerold-Tucholsky*
*1928 in Paris*

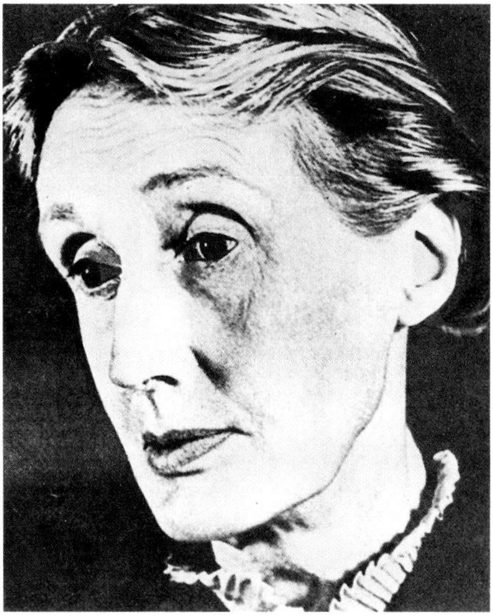

*Virginia Woolf*
*1939, Aufnahme von*
*Gisela Freund*

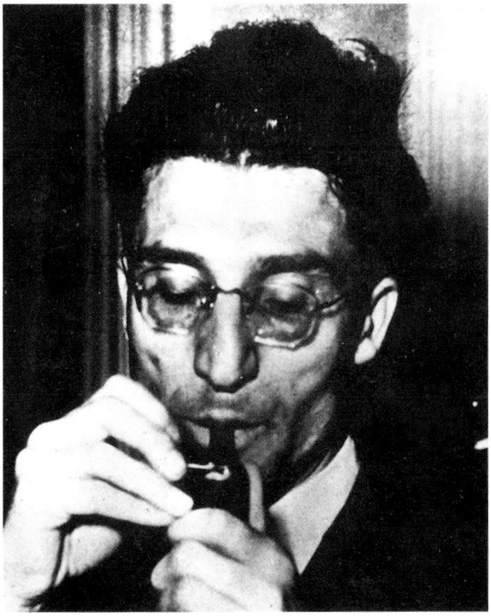

*Cesare Pavese*

*Peter Graf Yorck von Wartenburg 1944, vor dem Volksgerichtshof in Berlin*

*Helmuth James Graf von Moltke 1945, mit gefesselten Händen vor dem Volksgerichtshof in Berlin*

nur sein Glück allein sucht, der lebt nicht richtig und auch nicht glücklich. Der Mensch braucht etwas, das über den Rahmen seines »Ich« hinausgeht, über ihm steht. Das »Wir« ist mehr als das »Ich«.
Wenn Du einsiehst, ein Unrecht getan zu haben, so schäme Dich nicht, alles zu tun, um es wieder gutzumachen. Siehst Du, darauf kommt es an: immer bereit sein, zu lernen, bereit sein, seine Fehler zu erkennen und, was noch wichtiger ist, seine Fehler zu bekämpfen!
Also, sei fest, verzage nicht, und trage das Unvermeidliche mit Mut und verlerne nicht Dein liebes, liebes Lachen. Es grüßt Dich, küßt Dich und drückt Dich voll inniger Liebe ans Herz aus voller Seele

Dein Vater Rudi

*Marie Fischer an ihre Tochter Erika*

Mein liebes Erikerl!
Vorbei! Es tut mir so leid, daß Ihr bei meiner Urteilsnachricht geweint habt. Unsere Tage sind gezählt und wir wollen sie uns nicht schwerer machen als sie sind. Es spielt ja auch keine Rolle, ob wir ein paar Tage länger oder kürzer leben . . . Ich bin meinem Mann gefolgt und werde ihm auch weiter folgen. Es ist Rudis Weg und der so vieler. Sei tapfer und halte durch. Ich küsse Dich und drücke Dich an mein Herz.

Deine Mutter

*An ihren Sohn Rudi*

Mein lieber, mein einziger Rudi!
Immer bin ich bei Dir! So viel hätte ich Dir zu sagen und so viel Dir zu geben. Du warst uns alles, unser ganzes Glück. Du und Erika. Ihr zwei waret und seid die glücklichste Zeit meines Lebens. Wir gaben uns alles und ganz ... Sei auch Du tapfer, lieber Rudi, nimm alles, wie es kommt. Es küßt dich, drückt Dich innig ans Herz in unerschütterlicher Liebe und im Glauben an die Zukunft.

Deine Mitzi

## WILHELM THEWS

Am 8. 2. 1943 im Alter von 32 Jahren als Mitglied einer kommunistischen Widerstandsgruppe hingerichtet.

*An seine Eltern*

Berlin-Plötzensee,
den 8. Februar 1943

Min leiv Vater und Mudding!

Draußen lacht die Sonne vom strahlend blauen Himmel, und ein frischer Ostwind jagt über die frühlingsahnende Erde. Wen die Götter lieben, den nehmen sie jung zu sich! Und die Götter und das Glück waren trotz allem mir noch bis zum Schluß treu. Ich habe Euch noch einmal sehen dürfen, und an meinem letzten Tag bescherten sie mir noch dieses herrliche Wetter. Ein Omen soll mir das sein, daß die Liebe und das Licht den Tod überwinden.

Ich weiß, daß es viel schwerer ist zu überleben als sich zu opfern! Ich weiß, daß das Schicksal Euch schwer zu tragen gibt, aber ich weiß auch, daß Ihr es tragen und mich und mein Leben verstehen werdet. Man kann vom Leben nicht alles verlangen. Ihr habt alles getan, um mir das Leben schön und leicht zu machen. Eure Sorge und Liebe haben mir in schweren Stunden beigestanden. Ich habe mir mein Leben selbst gestaltet. Wir Thews waren immer einer großen Leidenschaft fähig gewesen. Wir sind nicht von Blume zu Blume geflogen. Wo wir einmal ja gesagt hatten, haben wir unsere ganze Leidenschaft mit Herz und Seele freudig gegeben. Mein Leben war reich an Höhen und Tiefen, es war schön. Man kann nicht alles erleben, und ich glaube, daß es ein großes Glück ist auf der Höhe seines Lebens, in seiner Kraft gehen zu dürfen.

Sicher hätte auch ich gern noch manches erfüllt. Gern Familie und Kinder gehabt. Nun, es hat nicht sollen sein. Darum wollen wir nicht rechten und hadern mit dem Schicksal. Die nach uns kommen, werden es vollenden.
So danke ich Euch heute wie nur ein Sohn seinen Eltern danken kann. Wenn ich heute so ruhig und freudig meinen letzten Weg gehe, so doch nur, weil Ihr mir das Rüstzeug fürs Leben in jeder Lage gegeben habt.
Min leiv Mudding, möchte Dir noch manches viele sagen. Aber Du weißt ja, daß meine Liebe Euch gehört. In Gedanken lege ich meinen Kopf in Deine lieben, lieben Hände, damit sie mich segnen. Deine Hände, die jahraus, jahrein für uns geschafft haben. Deine Hände, die mich so oft getröstet und mir als Kind die Tränen getrocknet haben. Liebe, heilige Hände meiner Mutter.
Min leiv Vater, ich umspanne in Gedanken Deine Hand und sehe Dir in die blanken Augen. Schöpfe aus Deinen klaren Blicken Kraft und Stärke. Hol – fast! Und wenn die See auch grob und hart ist. Kiek ut! Mögen alle Thews nach uns sich unserer und unserer Zeit nur mit Stolz erinnern.
Laßt Euch umarmen und fest und stark ans Herz drücken. Was von uns unsterblich ist, wird sich zu der großen Symphonie der Liebe und Freude vereinen. Unser Leben war die Überwindung des Bösen. »Ich hab's gesagt und nehme es nicht zurück. Leben heißt lieben, lieben ist Glück.«
Lebt wohl und trotz allem laßt uns das Leben und das Lachen nicht verlernen. Ich bleibe mit meinem Geist und meiner Seele bei Euch und unter Euch.

Euer tiefdankbarer Sohn Wilhelm

## MARIE KUDERIKOVA

Am 24. 3. 1921 in Vnorovy (Mähren) geboren. Hingerichtet am 26. 3. 1943 in Breslau. Ging nach dem Abitur als Arbeiterin in eine Fabrik bei Brünn. Betätigte sich in einer illegalen Organisation. Im Dezember 1941 verraten.

*An ihre Eltern* Breslau, 26. März 1943

Meine teuren Eltern, mein geliebtes Mütterchen und Väterchen, meine einzige Schwester und kleiner Bruder. Teuerste Großmutter und Tante, meine Freunde, liebe, teure Bekannte. Meine Familie. Ihr alle teuer in dem, was in meinem Herzen das Liebste ist. Ich nehme Abschied von Euch, ich grüße Euch, ich liebe Euch. Weint nicht, ich weine nicht. Ohne Klagen, ohne Angstbeben, ohne Schmerz gehe ich fort, schon, schon gelange ich zu dem, was doch nur Ziel, nicht Mittel sein sollte. Zum Scheiden von Euch, und doch nur zur völligen Annäherung, zum Einswerden mit Euch. So wenig kann ich von meiner Liebe geben, nur die ernsteste Versicherung ihrer Tiefe und Innigkeit. Innigsten Dank. Heute, am 26. III. 43, um halb sieben Uhr abends, zwei Tage, nachdem ich mein 22. Lebensjahr erreicht habe, atme ich zum letzten Male. Und doch, bis zum letzten Augenblick: leben und glauben. Ich hatte immer den Mut zu leben – ich verliere ihn auch nicht im Angesichte dessen, was die menschliche Sprache Tod nennt. Ich möchte Eure ganze Trauer, Euren ganzen Schmerz auf mich nehmen. Ich fühle die Kraft, ihn auch für Euch zu tragen, und den Wunsch, ihn mit mir zu nehmen. Bitte, bitte, habt sie auch, leidet nicht, weint nicht. Ich liebe Euch, ich schätze Euch so. Wenn ich Eure Worte las, wuchsen mir immer Flügel. Ihr tatet alles, was nur in menschlichen und liebenden Kräften stand. Werft Euch nichts vor, alles weiß ich, alles fühle ich, alles lese ich in Euren Herzen. Heute ist ein schöner Tag. Ihr seid irgendwo auf dem Feld oder im Gärtchen. Fühlt Ihr wie ich diesen Duft und diese Schönheit? Als ob ich es heute geahnt hätte. Ich war spazieren, ich war an der Luft, die das Fluidum des Frühlings, das Fluidum der Wärme trug, das Leuchten des Duftes und der Erinnerung. Der nackte Nerv der Seele wurde warm von der Poesie des Alltags berührt. Der Duft gekochter Kartoffeln, Rauch und Löffelklappern, Vögel, Himmel, Leben. Der alltägliche Pulsschlag des Lebens. Liebt es, liebt einander, lernt die Liebe, verteidigt die Liebe, verbreitet Liebe. Damit Ihr die Schönheit der selbstverständlichen Gaben des Lebens empfindet wie ich, das wünsche ich mir. Damit Ihr empfangen und geben könnt. Auch der heutige Nachmittag ist schön, ich fühle soviel Glut und Liebe, soviel Glauben, soviel Entschlossenheit, daß ich die Arme ausbreite und die Hände ausstrecke, damit Ihr es fühlt, damit Ihr es empfangt. Ich fürchte mich nicht vor dem Kommenden. Auch wenn ich fehlte und anderen weh tat, immer fühlte ich den Drang zum Guten, Hohen, Menschlichen. Mein ganzes Leben war schön. Brennend, glaubend, kämpfend und siegend. Ihr wart sein Segen. Du, mein Mütterchen, mein Lämmchen, mein Vater, meine Schwester und Jozinek, mein Großmütterchen und Tante. Ihr alle, die ich geliebt habe und die mich gern hatten. Geliebte Menschen, liebes Leben und liebe Welt. Ich kniee vor Euch, Ihr Teuersten meines Lebens, und bitte um Liebe und Verzeihung. Ich bitte um Verzeihung für alles und alle, die ich je verletzt habe. Auf dem Wege nach dem Menschenideal habe ich mich oft verirrt – nur im Herzen blieb der Glaube und in den Augen die Sehnsucht. Ich küsse Eure Hände und danke Euch mit ganzem Herzen, mit meiner ganzen Seele, in der ernstesten Stunde meines Lebens. Ich trübe sie nicht mit Tränen, nein, ich begieße sie mit dem Lächeln der Liebe, des Dankes und der Versöhnung und bitte auch um ein Lächeln. Einen Kuß auf Deine Lippen, Dir, Mütterchen und Väterchen, Dir, geliebtes Mädelchen und Bübchen, Euch, mein Großmütterlein und Tante. Freut Euch, liebt Euch. Seid gegrüßt. Ich grüße alle und wünsche allen tief und aufrichtig menschliches Glück. »Dank Euch, und Liebe Euch, ach, klängen sie wie Glocken.«

Eure Euch liebende Tochter Marie Kuderikova

## UNBEKANNTE JÜDIN

Das in deutscher Sprache geschriebene Original dieses Briefes befindet sich in Berlin im Archiv der SED.

Tarnopol, den 7. April 1943

Meine Teuren!

Bevor ich von dieser Welt gehe, will ich Euch, meine Liebsten, einige Zeilen hinterlassen. Wenn Euch einmal dieses Schreiben erreichen wird, sind ich und wir alle nicht mehr da. Unser Ende naht. Man spürt es, man weiß es. Wir sind alle, genau so, wie die schon hingerichteten unschuldigen, wehrlosen Juden, zum Tode verurteilt. Der kleine Rest, der von den Massenmorden noch zurückgeblieben ist, kommt in der allernächsten Zeit an die Reihe. Es gibt für uns keinen Ausweg, diesem grauenvollen fürchterlichen Tode zu entrinnen.

Gleich am Anfang (im Juli 1941) wurden ca. 5000 Männer umgebracht, darunter auch mein Mann. Nach sechs Wochen habe ich nach fünf Tagen langen Herumsuchens unter den Leichen (die vor der Ziegelei umgebracht und von dort nach dem Friedhof geschafft wurden) auch seine gefunden. Seit diesem Tage hat das Leben für mich aufgehört. Ich habe mir einst selbst in meinen Mädchenträumen keinen besseren und treueren Lebensgefährten wünschen können. Es waren mir nur zwei Jahre und zwei Monate vergönnt, glücklich zu sein. Und nun? Müde vom vielen Leichensuchen, war man »froh«, auch seine gefunden zu haben, kann man diese Qualen in Worte kleiden?

... David ist »erledigt«. Ach, wie gut geht es ihm schon. Er hat alles hinter sich. Uns erwartet noch die Todeskugel. Am

31. August begann die große Aktion. Damals verloren wir unsere geliebte, gute, aufopfernde Mutter. Man brauchte 3000 Opfer. Es handelte sich damals wieder um einen neuen Trick. Die arbeitenden Personen und deren Familien bekamen spezielle Stempel von der Polizei in ihren Arbeitsdokumenten und sollten angeblich von dieser Aktion befreit sein. Es sollte sich wieder, wie im März, um nicht arbeitsfähige Leute und Kinder handeln. Wieder suchten unsere eigenen jüdischen Ordnungsmänner in den Wohnungen und Verstecken ihre Todesopfer. Bubi und ich gingen zur Arbeit. Mama und Papa blieben zu Hause. Sie hatten ja doch die »Lebens-Stempel«. Wir wurden beim Grenztor nicht durchgelassen. Bubi und ich wurden auf den Platz der Opfer geführt und waren überzeugt, nicht lebend zurückzukommen. Viele wurden an Ort und Stelle erschossen. Wir flüchteten, und es gelang uns zu entkommen. Ich kam glücklich ins Büro. Dort saß ich nun, und da draußen warteten Tausende auf den Tod. Ach, wie soll ich Euch das schildern? Nachmittags erfuhr ich, daß Mama und Papa auf dem Platze gesehen wurden. Ich mußte weiterarbeiten, konnte nicht helfen. Da habe ich geglaubt, verrückt zu werden. Aber man wird nicht verrückt. Dann hörte ich, daß man nichtarbeitende Frauen - also bloß Hausfrauen - nicht herausbekommen konnte. Sollte ich nun trauern und weinen, daß ich meine Mutter verloren oder mich freuen, daß ich noch den geretteten Vater hatte? Ich wußte es nicht. Kann man das noch begreifen? Kann man das noch verstehen? Sollten nicht normalerweise Hirn und Herz platzen?

Nun lebten wir ohne Mutter weiter. Die treue, gute Seele, das gute Mutterherz! . . .

Inzwischen kamen die alltäglichen Sorgen und der weitere schwere Kampf ums blöde, sinnlos gewordene Dasein. Man mußte wieder übersiedeln, das Ghetto wurde zum anderen Male verkleinert. Denn die Wohnungen der Ermordeten waren doch nun frei geworden. Und – man lebte weiter. Am 5. November war Sonntag. Ganz unverhofft, um 11 Uhr vormittags, wurde das Ghetto umzingelt und der Tanz begann aufs neue. Ich hatte damals besonderes »Glück«. Ohne von einer Aktion etwas zu ahnen, bin ich – sage und schreibe – zehn Minuten bevor das Ghetto umzingelt wurde hinausgegangen. Mit der Zeit gewöhnt man sich an die Verhältnisse. Man wird so abgestumpft. Wenn man von den Allernächsten jemand verlor, reagierte man kaum mehr. Man weinte nicht, man war kein Mensch mehr, ganz aus Stein, ganz ohne Gefühl. Keine Nachricht machte Eindruck. Man ging sogar schon ganz ruhig zum Sterben. Die Leute auf dem Platze waren gleichgültig und ruhig.

26. April 1943

Ich lebe noch immer und will Euch noch schildern, was vom 7. bis zum heutigen Tage geschehen ist. Also es heißt, daß alle jetzt an die Reihe kommen. Galizien soll vollständig judenfrei gemacht werden. Vor allem soll das Ghetto bis zum 1. Mai liquidiert sein. In den letzten Tagen sind wieder Tausende erschossen worden. Bei uns im Lager war Sammelpunkt. Dort wurden die Menschenopfer sortiert. In Petrikow schaut es so aus. Vor dem Grabe wird man ganz nackt entkleidet, muß niederknien und wartet auf den Schuß. Angestellt stehen die Opfer und warten, bis sie dran sind. Dabei müssen sie die ersten, die Erschossenen, in den Gräbern sortieren, damit der Platz gut ausgenützt und Ordnung ist. Die ganze Prozedur dauert nicht lange. In einer halben

Stunde sind die Kleider der Erschossenen wieder im Lager. Nach den Aktionen hat der Judenrat eine Rechnung von 30000 Zloty für verbrauchte Kugeln bekommen, die zu bezahlen waren ... Warum können wir nicht schreien, warum können wir uns nicht wehren? Wie kann man so viel unschuldiges Blut fließen sehen und sagt nichts, tut nichts und wartet selber auf den gleichen Tod? So elend, so erbarmungslos müssen wir zugrunde gehen. Glaubt Ihr, wir wollen so enden, so sterben? Nein! Nein! Wir wollen nicht. Trotz aller dieser Erlebnisse. Der Selbsterhaltungstrieb ist jetzt oft größer, der Wille zum Leben stärker geworden, je näher der Tod ist. Es ist nicht zu begreifen.
Meine Lieben! David liegt auf dem jüdischen Friedhof. Wo Mutterchen liegt, weiß ich nicht, sie wurde nach Balaec verschleppt. Wo ich begraben sein werde, weiß ich nicht. Wenn Ihr vielleicht nach dem Kriege hinkommt, dann werdet Ihr bei Bekannten erfahren, wo die Transporte aus dem Lager hingebracht wurden. Es ist nicht leicht, Abschied für immer zu nehmen. Lebt wohl, lebt wohl ...

## HEINZ STRELOW

Geboren 1918. Hingerichtet am 13. 5. 1943 in Berlin. Journalist.

*An seine Mutter* Plötzensee, am 13. Mai 1943

Mutter, meine liebe Mutter, o, es ist so schwer Dir nun zu schreiben, das Schwerste von Allem, Mutter. Ich muß es sagen, wenn Du diesen Brief in Deinen lieben Händen hältst, dann ist für mich alles vorüber und mein Lebensweg hat geendet. Ach, wie könnte ich nur Dir das Grausige mildern. Ich bin dem Schicksal so dankbar, daß ich Dich noch einmal habe sehen können, Dich umarmen und Dich streicheln und küssen. Es war unendlich schön.
Was ich Dir schon gesagt habe bei Deinem Hiersein, ich will es Dir wieder und wieder beteuern: Ich bin ganz ruhig und gefaßt und mein Herz ist heiter und ohne Qual. Ich bin tief und unendlich dankbar dafür. Das sollst Du wissen. Mui, ich werde ein ruhiges und leichtes Ende haben. Ich habe es gelernt, mich in Geduld zu fassen und darf nun sagen: Es hat ein mildes Gesicht! Was mich am stärksten bedrückt, ist der Gedanke an Dich! An den Kummer, den es für Dich bedeutet! Mutter, Du weißt, wie ich das Leben, die schöne Heimaterde und alles Gute und Schöne überhaupt geliebt habe! Und nun, da ich es lassen muß, so bitte ich Dich ganz tief und inständig: Liebe es! Liebe das Leben, das schöne, liebe es nun doppelt stark und für mich mit! Und weine nicht, bitte, meine liebe Mutter, weine nicht! Nimm Dein Leben in beide Hände und lebe es zu Ende. Das müssen wir. Auch ich mußte es. –
Ich bin voll gütiger, froher Zuversicht, nun bald Vater zu begegnen und Sven und Siegfried, meinen toten Freunden.

Grüße alle lebenden Freunde von mir, alle, die ich sehr tief geliebt habe....
Ich hoffe, der Krieg wird nun bald zu Ende sein und Ihr, Du aber ganz besonders, meine liebe Mutter, werdet dann ruhiger und besser leben können. Vor Allem, daß Du Deinen Garten dann für Dich hast! Mui, das Leben in der Natur, mit Blumen, Bäumen, Wind und Wolken - das ist das Leben, alles andere ist daneben nur gering! Aber dem Leben muß man sich beugen und immer wieder hingeben - trotz Allem! Es ist doch so schön, mit allem Leid! Ich bitte Dich und hoffe, Du wirst es ruhig und ohne Qual und Bitterkeit im Herzen zu Ende gehen, bis wir uns einst wieder alle begegnen! Es ist mein letzter, aber ganz tiefer und inniger Wunsch an Dich! Und seid heiter, wenn Ihr über mich sprecht und an mich denkt, damit ich im Geiste noch unter und bei Dir weilen kann, ohne Dich zu verwunden und Dich in Klagen und Herzensnot zu wissen.
Lebe wohl, meine liebe, gute Mutter, ich umarme Dich und küsse Deine Augen und Deine Hände! Und möge unser Herrgott Dir beistehen! Ich habe Dich sehr lieb.

Dein Heinz

Liebe Mutter!

## THOMAS MANN

Geboren am 6. 6. 1875 in Lübeck, gestorben am 12. 8. 1955 in Kilchberg (Kanton Zürich). Als Fünfundzwanzigjähriger schrieb er die »Buddenbrooks«, den Roman vom Verfall einer Familie, der ihm Weltruhm und den Nobelpreis einbrachte. 1933 verließ er Deutschland und lebte zuerst in der Schweiz und dann in den USA. Anders als die meisten Emigranten jener Zeit, brauchte er sich um Visa, Geld und Unterkunft nicht zu sorgen. Bekämpfte den Nationalsozialismus in Rundfunkansprachen. Mit Agnes E. Meyer, einer geborenen Amerikanerin deutscher Abstammung, die als Frau eines einflußreichen Zeitungsbesitzers in Washington lebte, führte er einen ungewöhnlich intensiven Briefwechsel.

*An Agnes E. Meyer* Pacific Palisades, California
den 26. Mai 43

Verehrte Freundin,
ich war einige Tage unwohl und konnte nicht schreiben, auch keine Briefe.
Auf den Ihrigen bitte ich erwidern zu dürfen: Man sucht sich die Stunde nicht aus, in der ein Brief den Adressaten erreicht, und kann die seelische und körperliche Verfassung nicht berechnen, in der dieser sich beim Empfange befindet. Nach Ihrem Beispiel könnte ich sagen, Sie hätten sich den Augenblick »ausgesucht«, wo ich mich mitten in der Conception eines neuen Werkes und also in einem Zustand großer und leicht zu erschütternder nervöser Spannung befinde, um mir das nichtswürdige Geschwätz der Dame von Smith College zuzuschicken, - nicht, damit ich sähe, wie tückisch und haßerfüllt die Schreiberin ist, sondern damit ich sähe, was für ein Tunichtgut mein Sohn Klaus ist.
Ich habe viel und bitter darunter gelitten, daß Sie für meine Kinder nichts als unverhohlene Geringschätzung und Ab-

lehnung hegen, da doch ich diese Kinder liebe, mit demselben Recht, mit dem Sie Ihre Kinder lieben. Glauben Sie mir, ich könnte mir - für mich selbst - kaum etwas Entsetzlicheres vorstellen, als daß Ihrem wundervollen Bill im Kriege etwas zustieße. Durch all meine täglichen Gedanken, die sich doch nach vielen Richtungen wenden müssen, zieht sich immer diese Sorge, wie auch die um das Wohl der Töchter, die ihren schweren Stunden entgegensehen. Ich habe es hier in meinem Kreise zuweilen ausgesprochen, daß ich nicht wüßte, wie ich leben sollte, wenn Ihnen durch eines Ihrer Kinder ein Leid geschähe. Aber das waren sehr einseitige Gefühle. Erika's Vortragstätigkeit, deren Erfolg auf einem großen Persönlichkeitsreiz und tiefem, leidenschaftlichem Gefühl für die moralischen und politischen Fragen der Zeit beruht; ihr Aufenthalt in England zur Zeit des schwersten »Blitzes« - es war alles nichts als Unfug, und die Russen, schrieben Sie, »haben keine Zeit für Reisende«. Für Reisende. Wenn Sie wüßten, wie lange ich, den Brief in der Hand, dagesessen und den Kopf geschüttelt habe!
Mit Recht waren Sie der Meinung, daß wenigstens einer meiner Söhne der Armee angehören müsse. Klaus hat um den Eintritt geradezu gekämpft. Als er ihn erreicht hatte, hat er, der 36jährige, ganz ungeübte Intellektuelle, sich dem harten basic training mit der Willenskraft der Begeisterung unterworfen und ist überraschend schnell zum staff-sergeant avanciert. Mit humoristischem väterlichen Stolz habe ich Ihnen davon berichtet. Kein Wort der Anerkennung, des Glückwunsches ist mir von Ihnen gekommen.
Jetzt habe ich einen begabten, fleißigen und mutigen Sohn gegen den meiner Überzeugung nach ungerechten Vorwurf in Schutz genommen, er habe sich unziemlich über einen großen Dichter geäußert, der noch dazu Ihr Freund ist. Zu

meinem ungemessenen Schrecken und Staunen stellt sich heraus, daß ich damit *selbst* Claudel beleidigt und »condemned« habe, - ich, der ich noch vor einem Augenblick es mir nicht im Traume einfallen ließ, an die mir ferne, aber verehrungswürdige Sphäre dieses Geistes auch nur zu *rühren*.

Es ist Klaus, der ein Buch über André Gide geschrieben und darin notwendigerweise mehrfach auf Claudel Bezug genommen hat. An drei oder vier Stellen hat er es getan, dreimal in untadeligster Weise. Das vierte Mal scheint er sich einer auf falscher oder veralteter Information beruhenden unzutreffenden Darstellung von Claudels Haltung nach der Okkupation Frankreichs schuldig gemacht zu haben. Wer wird dafür zur Rechenschaft gezogen? Ich. Klaus ist jung und, wenn nicht leichtsinnig, so doch leichten Sinnes. Er liest die Angriffe kaum, die er heraufbeschworen dadurch, daß er in das katholische Wespennest gestochen; er weiß auch von unserem Briefwechsel nichts und hat nichts als sein Soldatenleben nebst den ihn erwartenden Abenteuern im Kopf. Ich, der nichts verträgt, der Ruhe und Frieden braucht wie das liebe Brot, der bei Zank und Streit weder etwas leisten noch auch nur leben kann, sondern rapid dabei zugrunde geht, ich muß es ausbaden und um einer Sache willen, mit der ich nicht das mindeste zu tun hatte, eine Freundschaft zerbrechen sehen, die mir teuer war.

Sie war mir teuer. Ich wußte, was ich, der Fremdling, an ihr besaß, und habe ihr treu und sorgsam gedient. Von einem Dienst kann man wohl sprechen. Mehr Gedanken, Nervenkraft, Arbeit am Schreibtisch habe ich ihr durch Jahre gewidmet, als sonst irgend einer Beziehung auf der Welt. Ich habe Sie, so gut ich es verstehe, an meinem inneren und äußeren Leben teilnehmen lassen, Ihnen, wenn Sie da waren, stun-

denlang neue Arbeit vorgelesen, die noch niemand kannte, Ihrer patriotischen, sozialen Tätigkeit die aufrichtigste Bewunderung erwiesen. Nichts war recht, nichts war genug. In meinen Briefen war »keine Spur« - ich weiß nicht mehr wovon, wahrscheinlich von Menschlichkeit. Immer wollten Sie mich anders, als ich bin. Sie hatten nicht den Humor, auch nicht den Respekt, auch nicht die Diskretion, mich zu nehmen, wie ich bin. Sie wollten mich erziehen, beherrschen, verbessern, erlösen. Vergebens habe ich Sie in aller Güte und Zartheit gewarnt, daß das ein Versuch am untauglichen Objekt, daß mein Leben bei nahezu 70 Jahren dafür zu ausgeformt und festgelegt sei. Ich muß mir sagen, daß Ihr Zornesausbruch eines solchen Briefes wegen, wie meines vorletzten, eben nur der Ausbruch ist einer tieferen Enttäuschung und Erbitterung, die einen fast nichtigen Anlaß zum Vorwand nimmt, sich kundzutun.
So scheint denn für dies Verhältnis, dem ich so gern - ich kann nicht sagen, wie gern - den Charakter der Ausgeglichenheit und Heiterkeit, der ruhigen, sicheren Herzlichkeit gegeben hätte, die Krise gekommen zu sein, die ihm wohl vom ersten Augenblick an drohte. Gönnen wir ihm und uns also die Ruhe, die allein unser seelisches Gleichgewicht wiederherstellen kann. Ich wenigstens brauche sie, um aus dieser Qual zu mir selbst und meinen Aufgaben zurückzufinden - es sieht noch nicht so aus, als ob es leicht gelingen werde. Was wir einander verdanken, können wir schwerlich vergessen, - ich sage: einander; denn was ich an Güte, Beistand, Lebenserleichterung von Ihnen empfing, durfte ich ohne Würdeverlust hinnehmen, da Sie mich glauben ließen, daß es sich nicht um einseitige Wohltaten handelte. Unser Arrangement mit der Library of Congress freilich scheint mir durch die Denunziation jener warmherzigen

Claudel-Verehrerin so bloßgestellt und besudelt, daß ich gut tun werde, Mr. MacLeish nahezulegen, meine Verbindung mit seinem Institut zu lösen und dies öffentlich mitzuteilen. Ich muß ja fürchten, daß er den Vorwurf der Corruption, Begünstigung und Geldverschwendung, den die Dame gegen ihn richtete, als persönlich belastend empfindet.
Von Herzen und voll von guten Wünschen für Sie und die Ihren sage ich Ihnen Lebewohl.
Ihr ergebener Thomas Mann

## ROSE SCHLÖSINGER

Geboren 1907. Hingerichtet am 5. 8. 1943. Am 18. 9. 1942 wegen Zugehörigkeit zu einer Widerstandsgruppe verhaftet. Ihr Mann, Bodo Schlösinger, Dolmetscher bei der deutschen Feldpolizei, erschoß sich in einem russischen Bauernhaus, als er hörte, daß seine Frau zum Tode verurteilt worden war.

### *An ihre Tochter*

Meine liebe kleine große Marianne!
Ich weiß nicht, wann Du diesen Brief lesen wirst. Ich überlasse es Oma oder Vati, ihn Dir zu geben, wenn Du groß genug dafür bist. Jetzt muß ich Abschied nehmen, weil wir uns wahrscheinlich nie mehr sehen.
Du sollst trotzdem ein gesunder, froher und starker Mensch werden. Ich wünsche Dir, daß Du in der Welt so wie ich das Schönste erlebst, ohne daß Du das Schwere durchmachen mußt wie ich. Du sollst zuerst danach streben, tüchtig und fleißig zu werden, dann wird alles andere Glück von selbst kommen. Lebe nicht zu verschwenderisch mit Deinen Gefühlen. Es gibt nicht viele Männer, die so sind wie Vati, so gut und rein in ihrer Liebe. Lerne warten, ehe Du Deine ganze Liebe verschenkst - es bleibt Dir dann das Gefühl des Betrogenseins erspart. Aber einen Mann, der Dich so liebt, daß er auch alle Not und jede Schwierigkeit mit Dir teilen wird und für den Du dasselbe tun kannst, den kannst Du lieben - und glaube mir, dann wirst Du durch das Glück mit ihm für das Warten belohnt. - Ich wünsche Dir so viele, viele Jahre des Glücks, wie ich es leider nur ein paar Jahre haben konnte. Und dann sollst Du Kinder haben - wenn man Dir Dein erstes Kind in den Arm legt, vielleicht denkst Du dann

an mich, daß es auch ein Höhepunkt meines Lebens war, als ich Dich kleines rotes Bündel zum erstenmal hielt und dann denk an die Abende, als wir uns im Bett unterhielten über die vielen wichtigen Dinge des Lebens - ich versuchte Deine Fragen zu beantworten - und denk an die schönen drei Wochen an der See - an den Sonnenaufgang, und als wir am Strand entlang barfuß von Bansin nach Ückeritz liefen, und als ich Dich auf dem Schlauch vor mir her trieb, und als wir zusammen Bücher lasen - so viel Schönes hatten wir zusammen, mein Kind, das sollst Du alles auch noch einmal erleben und noch viel mehr. Und noch eins will ich Dir verraten. Wenn man sterben muß, tut einem jedes böse Wort leid, das man einem lieben Menschen gegeben hat; wenn man weiterleben dürfte, würde man sich das merken und sich viel besser beherrschen. Vielleicht kannst Du Dir das merken - Du machst Dir und anderen das Leben und später auch das Sterben leichter.
Und sei froh, so oft Du kannst - jeder Tag ist kostbar, es ist schade um jede Minute, die man traurig zugebracht hat.
Meine Liebe zu Dir soll Dich Dein ganzes Leben lang begleiten. - Ich küsse Dich - und alle die lieb zu Dir sind.
Leb wohl, mein Liebes - bis zuletzt denkt mit größter Liebe an Dich

Deine Mama

## THEODOR KORSELT

Geboren am 24. 11. 1891 in Buchholz (Erzgebirge). Hingerichtet am 25. 8. 1943 in Berlin-Plötzensee. Regierungsrat. Kurz nach dem Sturz Mussolinis äußerte er in Rostock in der Straßenbahn, so müsse es auch hier kommen, der Führer müsse zurücktreten. Er wurde angezeigt und sofort verhaftet. Erklärte auch vor Gericht, daß diese Worte seiner Überzeugung entsprächen. Am 24. 8. 1943 zum Tode verurteilt.

*An seine Eltern und Geschwister*

Berlin-Plötzensee, den 25. August 1943

Meine geliebten Eltern und Geschwister!
Seit 2. 8. 43 weiß ich leider nicht mehr, was Ihr tut. Natürlich verzweifelt weinen, mehr sicher als ich.
Nun ist es aus. Erst am Freitag, den 20. August, erfuhr ich so nebenbei aus der Bemerkung eines Anstaltsbeamten in Moabit, daß die ganze Überführung nach Berlin, die ich noch in heiterster und fröhlichster Weise auf eigene Kosten bestritt, zweiter Klasse, und mit allerhand Fremden zusammen, die gar nicht merkten, auf was für einem Transport mein Begleiter und ich uns befanden, lediglich zum Zwecke der Vorführung vor das Volksgericht erfolgt war. Selbst nach der Anklage durch Herren, die mich nie gesehen und gesprochen hatten und mir nur aus Akten »Wehrkraftzersetzung und Feindbegünstigung« vorwarfen, hielt ich diesen Vorwurf gegen mich für so unmöglich, daß ich sehr ruhig war. Trotzdem erfolgte die Verurteilung. Und da auf diese Dinge, wenn sie zu Recht vorgeworfen werden, vor allem in einer Situation wie der gegenwärtigen, Todesstrafe steht, wurde ich eben zum Tode verurteilt. Ich sterbe ruhig und gefaßt, voller Selbstbewußtsein.

... Recht schön habe ich mich vor einer halben Stunde mit Herrn Anstaltspfarrer Lemke, Altmoabit 12a, unterhalten. Vielleicht könnt Ihr mit ihm einmal persönlich sprechen, wenn Ihr wissen wollt, wie ich gestorben bin.
Ich bin den Anzeigenerstattern in Rostock nicht einmal besonders böse; ich habe dem Reichsinnenministerium gegenüber schriftlich erklärt: »Sie glaubten das Vaterland zu retten. Vater vergib ihnen, denn sie wissen nicht, was sie tun!«
Mir kommt die ganze Entwicklung der letzten drei Wochen im Grunde komisch und lächerlich vor. Ich habe innerlich in diesen Wochen sehr viel gelacht. Die letzte Nacht habe ich, doch ein Zeichen prächtigsten Gewissens, neben einem Tschechen in der Zelle sehr gut geschlafen.
Ich dachte, die Gnadengesuchsfrist würde bei mir erst anlaufen, und ich würde es monatelang hier noch recht, recht schwer haben. Das vermeidet man nun. Seid darüber recht froh mit mir! Ich hätte mir natürlich einen anderen Tod, etwa im Felde oder im Bombenhagel, gewünscht. Euch muß nun genügen, daß es bei mir wenigstens schnell und ohne Quälerei und mit dem besten Selbstbewußtsein geht, zwar eigentlich mit Neugier für das, was ich nun nicht mehr erleben darf, aber ohne Furcht.
Lebt wohl, lebt herzlich, herzlich wohl! Wie schön war es, daß wir auf mein Drängen die Geburtstage derer, deren Bilder noch in letzter Stunde vor mir liegen, so früh feierten. Ich drängte freilich schon so, weil ich irgendwie innerlich fühlte, daß es das letzte Mal sei ... Lebt wohl, lebt wohl: Vatel, Muttel, Liesbeth, Margret, Gick, die Schwäger, die Nichtchen und alle Lieben.
Euer – jetzt darf ichs wohl von mir selber sagen: ich war es! –

guter Theo

## JULIUS FUCIK

Geboren am 23. 2. 1903 in Smichov, einem Vorort Prags. Hingerichtet am 18. 9. 1943 in Berlin-Plötzensee. Sohn eines Metallarbeiters. Studierte Philosophie und verdiente seinen Lebensunterhalt als Gepäckträger, Sportlehrer, Maurer, Erdarbeiter. Dann als Redakteur, Journalist und Schriftsteller. Wurde mehrmals verhaftet. Von 1934–1936 in Rußland. Organisierte 1939 ein Netz von Untergrundzeitungen und -zeitschriften. Wurde 1941 Mitglied des geheimen Zentralkomitees der tschechoslowakischen kommunistischen Partei. Kümmerte sich nach der Verhaftung des Zentralkomitees um die Neuorganisation. Wurde infolge Verrats am 24. 4. 1942 im Verlauf einer geheimen Versammlung von der Gestapo in Prag verhaftet. Gefoltert. Im Sommer 1943 nach Bautzen gebracht. Von dort nach Berlin-Plötzensee. Am 25. 8. 1943 vom Berliner Volksgerichtshof abgeurteilt. Enthauptet. Seine Frau Gusta Fucikova wurde ins Konzentrationslager Ravensbrück deportiert und erfuhr erst nach ihrer Rückkehr in die Heimat, im Mai 1945, vom Tod ihres Mannes.

*An seine Frau* In der Zelle 267, den 28. März 1943

Mein Liebes!
Es besteht sehr wenig Hoffnung, daß wir noch einmal Hand in Hand wie kleine Kinder spazierengehen werden – am Hang über dem Fluß, dort, wo der Wind weht und die Sonne brennt. Und es besteht sehr wenig Hoffnung, daß ich noch einmal in Frieden und mit Freude schreiben werde, umgeben von der Freundschaft der Bücher, all das, wovon wir zusammen gesprochen haben, und das sich in fünfundzwanzig Jahren in mir angesammelt hat und gereift ist. Man hat schon einen Teil meines Lebens zerstört, als man meine Bücher begrub. Ich will mich nicht ganz ergeben, ich will nicht zulassen, daß auch der andere Teil vollständig verlorengeht, daß ich verschwinde, ohne in dem weißen Grabgewölbe 267 Spuren zu hinterlassen. Soweit mir noch Zeit vor

dem Tode bleibt, schreibe ich die Aufzeichnungen über die tschechische Literatur. Vergiß nie den Mann, der sie Dir abliefert, denn er hat mir versprochen, nicht ganz zu sterben. Der Bleistift und das Papier, die er mir gegeben hat, freuen mich wie die erste Liebe. Vielleicht wird es nicht leicht sein, ohne Dokumentation zu schreiben, ohne Zitate, und vielleicht wird deshalb manches, das ich klar vor mir sehe, nicht so klar herauskommen und denjenigen, für die ich es sagen will, unwirklich erscheinen. Darum schreibe ich vor allem für Dich, mein Liebes, für Dich, die mir immer geholfen und meine Sachen als erste gelesen hat: Du verstehst besser, was ich im Herzen gehabt habe, und vielleicht kannst Du mit Ladi und meinem Verleger vervollständigen, wo es nötig ist. Herz und Kopf sind voll, aber die Mauern sind leer. Es ist auch seltsam, über Literatur zu schreiben, wenn man Bücher nicht einmal mit den Augen liebkosen kann.

Im allgemeinen ist dies ein sonderbares Schicksal. Du weißt, wie ich Raum, Sonne und Wind geliebt habe, und wie ich wünschte, all das zu sein, was darin lebt: Vogel und Gesträuch, Wolke und Wanderer. Gleichwohl lebe ich seit Jahren, seit vielen Jahren unter der Erde, wie es Schicksal der Wurzeln ist. Häßliche, gelbliche Wurzeln, umgeben von Dunkelheit und Fäulnis, die dennoch den Lebensbaum auf der Erde tragen. Darin liegt ihr Hochmut. Auch meiner. Es tut mir nicht leid, nichts tut mir leid. Was in meiner Kraft stand, habe ich vollführt, und ich habe es gern vollführt. Aber ich liebte das Licht, ich wollte in die Höhe wachsen, blühen und reifen wie eine vollkommene Frucht.

Gut.

An dem Baum, den wir errichtet und erhalten haben, werden Generationen neuer Menschen blühen und reifen, Generationen von sozialistischen Arbeitern und Dichtern, auch von Kritikern und Literaturhistorikern, die vielleicht später, aber mit besserer Belohnung auch das ausdrücken können, das zu sagen mir nicht gelungen ist. Und so werden vielleicht meine Früchte wenigstens ein bißchen süß werden und vollkommene Formen annehmen, auch wenn auf meinen Bergen nie mehr Schnee fallen wird.

(Letzter Brief vor der Verschickung nach Berlin-Plötzensee)

Bautzen, den 8. 8. 1943

Meine Lieben!
Es geht mir immer noch gleich, die Zeit entflieht mir, und ich bin, wie Ihr es wünscht, »ruhig«. Ich wüßte auch nicht, warum ich es nicht sein sollte. Ich erhielt Eure beiden Briefe und freue mich immerzu darüber. Ihr könnt Euch gar nicht vorstellen, wie viele Dinge man darin suchen und finden kann. Auch das, was Ihr nicht geschrieben habt. Ihr hättet gern längere Briefe von mir. Auch ich wäre glücklich, wenn ich sie Euch schicken könnte, aber das Papier läßt sich nicht vergrößern. So könnt Ihr wenigstens zufrieden sein, daß meine Schrift, über die Ihr Euch so oft beklagt habt, ganz klein geworden ist. Die Hälfte meines heutigen Briefes gilt Gustina. Zerschneidet ihn und schickt ihn weiter. Aber lest ihn natürlich. Er ist auch für Euch. Mädchen, wenn Ihr Gustina schreibt, teilt ihr auch meine Adresse mit und sagt ihr, sie soll um Erlaubnis ersuchen, mir zu schreiben. Ihr stellt Euch vor, daß ein Mensch, der zum Tode verurteilt ist, immerzu daran denkt und es bedauert. Das ist ein Irrtum. Ich dachte von Anfang an an die Möglichkeit des Sterbens – Verka weiß es wohl –, und ein Bedauern habt Ihr bei mir nie gesehen. Ich denke durchaus nicht daran. Der Tod ist immer

nur für die Lebenden schlimm, für die Zurückbleibenden. Darum muß ich Euch Kraft und Mut wünschen. Ich küsse und umarme Euch alle und auf Wiedersehen.

Euer Jula

Bautzen, den 8. 8. 1943

Meine liebe Gustina!
Ich erhielt Erlaubnis, Dir ein paar Zeilen zu schreiben, und ich beeile mich, es zu tun. Liba schrieb mir, daß Du umgezogen bist. Weißt Du, mein Liebes, daß wir einander gar nicht so fern sind? Wenn Du eines Morgens aus Terezin hinausgingst und Dich nach Norden wendetest, und wenn ich von Bautzen gen Süden käme, könnten wir uns am Abend treffen. Wir würden einen Spaziergang machen, nicht wahr? Gemeinsam reisen wir zu vertrauten Orten. Du bist in Terezin, wo Onkel so bekannt war, und ich werde nach Berlin versetzt, wo Onkel starb. Aber ich glaube nicht, daß alle Fuciks in Berlin sterben müssen. Vielleicht hat Dir Liba geschrieben, wie ich lebe, daß ich allein in der Zelle bin, und daß ich Knöpfe herstelle. In einem Winkel meiner Zelle habe ich eine kleine Spinne, und draußen, nahe bei meinem Fenster, hat sich ein Kohlmeisenpärchen eingenistet. Nahe, nahe, so daß ich ihr zartes, kindliches Gezwitscher höre. Jetzt sind die Jungen schon weggeflogen, aber sie waren um die Nachkommenschaft besorgt, und ich dachte daran, wie lieb es von Dir war, mir Gezwitscher in menschlicher Sprache zu bescheren. Mein Liebes. Viele Stunden verbringe ich damit, mit Dir zu plaudern, zu warten und zu wünschen, ich könnte das Wort direkt an Dich richten. Wieviel hätten wir uns zu erzählen! Mein liebes Kleines. Sei mutig und stark. Ich umarme und küsse Dich innig. Auf Wiedersehen.

Dein Jula

(Letzter Brief aus Berlin-Plötzensee)

Berlin-Plötzensee, den 31. August 1943

Meine Lieben!

Wie Ihr vielleicht schon wißt, bin ich umgezogen. Am 23. August erwartete ich in Bautzen Euren Brief, statt dessen erhielt ich den Verschickungsbefehl nach Berlin. Am 24. 8. fuhr ich über Görlitz und Kottbus, am 25. 8. morgens fing der Prozeß an, und mittags war er schon beendet. Er ging nach Erwarten. Jetzt bin ich mit einem Gefährten in einer Zelle in Plötzensee, wir kleben Tüten, wir singen und warten darauf, daß wir an die Reihe kommen. Es bleiben noch einige Wochen, manchmal wartet man auch Monate. Die Hoffnungen fallen still und mild wie trockene Blätter. Aber der Baum erfährt keine Schmerzen, es ist etwas Natürliches, Logisches. Der Winter entlaubt den Menschen wie einen Baum. Glaubt mir, nichts, gar nichts von dem Geschehenen hat an die Freude rühren können, die in mir ist und die sich jeden Tag mit einem Motiv von Beethoven ankündigt. Der Mensch wird nicht kleiner, auch wenn er um den Kopf verkürzt wird. Und ich bitte Euch innig, wenn alles zu Ende ist, denkt nicht mit Trauer an mich, sondern mit der Freude, mit der ich immer gelebt habe. [Es folgen einige Zeilen, die von der Zensur gestrichen wurden.] Das sind so Gedanken, ich weiß, Ihr werdet selbst Euer möglichstes tun. Aber auch wenn es zu nichts führt, verzweifelt deshalb nicht, seid deshalb nicht unglücklich. Irgendwann einmal schließt sich hinter jedem die Türe. Und was den Papa betrifft, denkt daran, wenn es der Fall ist, ihm nichts zu sagen oder ihm etwas verständlich machen zu wollen. Es wäre besser, ihn in seinem Alter nicht zu quälen. Entscheidet es selbst, Ihr seid ihm und der Mama jetzt näher.

Schreibt mir bitte, wie es Gustina geht, und schickt ihr meine innigsten Grüße. Möge sie immer tapfer und stark sein, und möge sie mit ihrer großen Liebe, die ich beständig fühle, nicht allein sein. In ihr ist noch so viel Jugend und Gefühl, so daß es nicht recht wäre, wenn sie Witwe bliebe. Ich möchte, daß sie glücklich wäre, und ich möchte, daß sie es auch ohne mich wäre. Sie wird sagen, das sei nicht möglich. Es ist aber möglich. Kein Mensch ist unersetzlich. Weder in der Arbeit noch in den Gefühlen. Aber all dies schreibt ihr noch nicht. Erst wenn sie zurückkehrt - falls sie zurückkehrt.
Ihr möchtet wohl wissen (ich kenne Euch!), wie ich lebe. Ich lebe im ganzen gut. Auch hier habe ich Arbeit, Bücher und Zeitungen und anderes, so daß ich nicht allein in der Zelle bin und die Zeit vergeht ... sogar allzu schnell, wie mein Gefährte sagt. Die Behandlung ist hier gut wie überhaupt überall, wo ich bis jetzt in Deutschland war. In Bautzen kamen zum Beispiel jede Woche Lebensmittelpakete aus der Heimat an, die sich trotz der langen Reise hielten (Brot, Zucker, Honig, Speck usw.). Man konnte deswegen nicht schreiben, aber die Pakete wurden allen abgeliefert. Ihr müßt wissen, daß ich dem deutschen Volk nie gram war, und meine Hoffnungen, die nie ... [Es folgen einige Worte, die von der Zensur gestrichen wurden.] ... ist geschwunden. Aber es ist ja noch Krieg.

Julius Fucik

## PETER GRAF YORCK VON WARTENBURG

Geboren am 13. 11. 1904 in Klein-Oels (Schlesien). Hingerichtet am 8. 8. 1944 in Berlin-Plötzensee. Oberregierungsrat. Leutnant. Ab 1942 in einem Wehrwirtschaftsamt. Mitglied des Kreisauer Kreises, den er zusammen mit Helmuth James Graf von Moltke aufgebaut hatte.

### *An seine Mutter*

Am Ende eines an Liebe und Freundschaft überreich gesegneten Lebens habe ich nur Dank gegen Gott und Demut unter Seinen Willen. Daß ich Dir diesen Kummer bereite, ist mir ein sehr großer Schmerz nach alledem, was Du an Traurigem erleben mußtest. Ich bitte Dich, mir das von ganzem Herzen zu vergeben. Ich habe über zwei Wochen Zeit gehabt, mich und mein Handeln vor Gott zu stellen und bin überzeugt, in ihm einen gnädigen Richter zu finden. Das Ausmaß an innerer Not, das Menschen wie ich in den letzten Jahren zu durchleben hatten, ist gewiß nicht von denen zu verstehen, die ganz von ihrem Glauben beseelt sind, den ich nun einmal nicht teile. Dich darf ich versichern, daß kein ehrgeiziger Gedanke, keine Lust nach Macht mein Handeln bestimmte. Es waren lediglich meine vaterländischen Gefühle, die Sorge um mein Deutschland, wie es in den letzten zwei Jahrtausenden gewachsen ist, das Bemühen um seine innere und äußere Entwicklung, die mein Handeln bestimmten. Deshalb stehe ich auch aufrecht vor meinen Vorfahren, dem Vater und den Brüdern. Vielleicht kommt doch einmal die Zeit, wo man eine andere Würdigung für unsere Haltung findet, wo man nicht als Lump, sondern als Mahnender und Patriot gewertet wird. Daß die wunderbare Berufung ein Anlaß sein möge, Gott die Ehre zu geben, ist mein heißes Gebet.

*An seine Frau*

... Wir stehen wohl am Ende unseres schönen, reichen, gemeinsamen Lebens. Denn morgen will der Volksgerichtshof über mich und die anderen zu Gericht sitzen. Ich höre, das Heer hat uns ausgestoßen; das Kleid kann man uns nehmen, aber nicht den Geist, in dem wir handelten. Und in ihm fühle ich mich den Vätern und Brüdern und auch den Kameraden verbunden. Daß Gott es so geführt hat, wie es gekommen ist, gehört zu der Unerforschlichkeit Seiner Ratschlüsse, die ich demutsvoll annehme. Ich glaubte mich durch das Gefühl der alle niederbeugenden Schuld getrieben und reinen Herzens. Ich hoffe deshalb auch zuversichtlich, in Gott einen gnädigen Richter zu finden. ... Als wir vom letzten Abendmahl hinweggingen, da fühlte ich eine fast unheimliche Erhabenheit, ich möchte es eigentlich Christusnähe nennen. Rückblickend scheint sie mir als ein Ruf. ... Mein Tod, er wird hoffentlich angenommen als Sühne aller meiner Sünden und als Sühneopfer für das, was wir alle gemeinschaftlich tragen. Die Gottesferne unserer Zeit möge auch zu einem Quäntchen durch ihn verringert werden. Auch für meinen Teil sterbe ich den Tod fürs Vaterland. Wenn der Anschein auch sehr ruhmlos, ja schmachvoll ist, – ich gehe aufrecht und ungebeugt diesen letzten Gang, und ich hoffe nur, daß Du darin nicht Hochmut und Verblendung siehst. – Des Lebens Fackel wollten wir entzünden, ein Flammenmeer umgibt uns, welch ein Feuer!

## HEINRICH GRAF VON LEHNDORFF-STEINORT

Geboren am 22. 6. 1909 in Ostpreußen. Hingerichtet am 4. 9. 1944 in Berlin-Plötzensee. Großgrundbesitzer. 1939 Oberleutnant der Reserve. Im militärischen Widerstand.

*An seine Frau*

(Am 3. September 1944 am Vorabend seiner Verurteilung und Hinrichtung mit gefesselten Händen geschrieben.)

Mein Geliebtestes auf der Welt!
Dieses wird wohl der letzte Brief sein, den Du auf dieser Welt von mir bekommst. Obwohl meine Gedanken seit unserer Trennung Tag und Nacht um Dich kreisen und mein Herz Bände füllen könnte, fällt es mir doch schwer, diesen Brief zu schreiben. Ich befürchte mit Allem Deinem armen geprüften Herzen nur neue Last aufzubürden. Trotzdem - Du Engel - sollst Du alles wissen und erfahren, wie ich die letzten Wochen gelebt, gedacht und gefühlt habe. Bestimmt stellt man sich, ohne selbst so etwas erlebt zu haben, alles viel schlimmer vor als es ist, wenn die Dinge Tatsache geworden sind und es ein Ausweichen nicht mehr gibt. Meine hierfür glückliche Natur und vor allem die Hilfe von Gott, um die ich Ihn immer gebeten und die Er mir in reichem Maß gegeben hat, haben mich alle Belastungen in einer Weise überstehen lassen, wie ich es vorher nie für möglich gehalten hätte. Es vollzieht sich eine völlige Wandlung, wobei das bisherige Leben allmählich ganz versinkt und gänzlich neue Maßstäbe gelten. Du hast dabei sogar durchaus auch Deine kleinen Freuden und ich habe auch Momente gehabt, wo ich richtig vergnügt war. Die Anlässe

sind nur eben ganz andere geworden. Ein nettes Wort von einem mitfühlenden Menschen, die Erlaubnis zu lesen und zu rauchen, gelegentlich der Vorführung zu einer Vernehmung ein paar Schritte über einen sonnigen Hof machen zu können und solcher Kleinigkeiten vielerlei, erfreuen einen ganz genau so, wie früher eine große Unternehmung, oder ein freudiges Ereignis. Da ich meistens etwas Hunger hatte, freute ich mich über ein Stück trockenes Brot oder auf die dünne Suppe gerade so wie früher auf ein dickes Jagddiner. Und es schmeckt dann mindestens ebenso. Mein Geliebtes – ich schildere Dir das so ausführlich, damit Du nicht denkst, Dein Heini hätte die 6 Wochen dicht an der Verzweiflung an die Zellenwand gestarrt oder sei wie ein gefangenes Tier im Käfig auf und ab gewandert. So darfst Du Dir bitte diese Zeit nicht vorstellen. Natürlich, mein Einzigstes, hat es auch sehr bittere und traurige Stunden gegeben, wo die Gedanken dann ihre eigenen Wege gingen und ich alle Kraft zusammennehmen mußte, um nicht nachzugeben und die Haltung zu bewahren. Ich glaube es aber geschafft zu haben. Und auch diese Stunden waren nicht umsonst und sicherlich notwendig, um mich dorthin zu führen, wo ich heute stehe. Ich könnte diesen Zustand nicht besser erklären als mit dem Wort aus der Bibel: »Fürchte Dich nicht, glaube nur.«
Bevor ich nun mich mit Dir, mein Geliebtes, über uns unterhalte, muß ich noch auf zwei Sachen eingehen und Dir erklären, weil ich nicht möchte, daß Du über ihre Motive nicht genau unterrichtet bist. Ich habe zwei große Torheiten begangen. Einmal die Flucht aus Berlin. Es war mehr oder weniger ein spontaner und undurchdachter Einfall, der zur Durchführung kam, als sich plötzlich eine günstige Gelegenheit bot. Ich hatte vor, in die Conower Gegend zu gelan-

gen, um dort auf einem der Güter unterzuschlüpfen. Ich hatte mir nicht überlegt, daß ich den Betreffenden wahrscheinlich mit hineingerissen hätte. Es ist daher wahrscheinlich gut, daß ich kurz vor Feldberg von der Landwacht wieder gefangen wurde. Denn, wie ich höre, waren die dortigen Güter schon alle bewacht. Weißt Du – mich überkam so ein starker Drang nach der Freiheit, daß ich einfach nicht anders konnte, als einfach abzuhauen. Diese vier Tage Dir zu schildern in ihren Einzelheiten, würde zu weit führen. Jedenfalls hatte ich vier Tage die Freiheit, bin nachts gewandert, habe am Tage in Wäldern geschlafen, von Beeren, Milch und rohem Gemüse gelebt, genau wie die ausgerissenen russischen Gefangenen. Es ging mir an sich herrlich und ich genoß die Freiheit mit jeder Faser. Einen Haken hatte die Sache allerdings, und das waren meine Halbschuhe, in die natürlich sofort Sand kam und ich mir daher in Kürze die Zehen so wund gelaufen hatte, daß ich wirklich nur unter größter Energieentfaltung mich langsam weiterschleppen konnte. Wäre das nicht gewesen, hätte man mich auch nicht gefaßt. Jedenfalls nicht vor dem Ziel. Aber wer weiß, wozu es gut war. Ich wurde dann von dem netten Förster, der mich angehalten hatte, noch verpflegt und dann von der Polizei nach Berlin zurückgebracht. So weit betrifft die Sache nur mich. Wie ich aber erfahren habe, hat meine Flucht sich auch auf Euch ausgewirkt. Mein Einzigstes, das hatte ich mir natürlich nicht überlegt. Der Gedanke, Dir und anderen geliebten Menschen zu allem anderen auch noch hierdurch Leid zugefügt zu haben, ist mir ganz furchtbar. Ich weiß aber, Ihr werdet mir diese Unüberlegtheit verzeihen.
Nun die zweite Sache, mein Engel, für die ich Dich auch um Verständnis bitten muß, die bis ins Letzte zu erklären aber wesentlich schwerer ist: an dem Tage, als ich morgens um

vier Uhr gefaßt wurde und dann nach einer nicht schönen Zwischenstation in einem SS-Lager bei Fürstenwalde gegen 11 Uhr im Gefängnis in der Albrechtstraße abgeliefert und sofort einer Vernehmung unterzogen wurde, war ich auf einmal mit meinen Nerven wirklich fertig. Die vier Tage wenig gegessen, die Anstrengungen wegen meiner Füße, die Aufregung der Gefangennahme, die Überführung nach Berlin und das erste Verhör, in dem mir sofort klar war, daß es über mich nichts mehr zu verheimlichen gab, weil durch Aussagen bereits alles bekannt war, gab mir einen derben Schock. Nach dem Verhör sollte ich dann etwas schlafen und dann alles schriftlich niederlegen, was ich in dem »Fall« nicht nur von mir (denn das stand ja schon fest), sondern auch über alle anderen Freunde und Kameraden wußte. Als ich aufwachte, nun kam die ganze Müdigkeit und Desperatheit erst richtig nach, stand der Gedanke, nun auch noch andere durch meine Aussagen hereinzureißen, als ein einfach unüberbrückliches Hindernis vor mir. Infolge meines Zustandes fühlte ich mich nicht mehr stark genug, diesem Ansturm zu widerstehen, andererseits sagte ich mir, daß ich jede Achtung vor mir selbst verlieren würde, wenn ich hierin nachgäbe. Aus dieser verzweifelten Verfassung heraus, halb nicht mehr mit kontrollierten Sinnen, versuchte ich dann dem Allen ein Ende zu machen, indem ich mir die Pulsader öffnen wollte. Ganz dazu kam es nicht, weil es bemerkt wurde. Geliebtes – bitte glaube mir, schon am nächsten Tag war mir diese Handlung völlig unfaßlich und ich kann auch heute noch nicht verstehen, daß ich diesen Gedanken überhaupt erwogen habe. Er liegt mir so fern. Und glaube mir bitte weiter, daß, wenn ich diesen Schritt tat, es bestimmt mit keinem Gedanken in Rücksicht auf mich, sondern nur im Hinblick auf andere geschah. Mein Liebes, ich mußte Dir das berichten, denn Du sollst und mußt die Zusammenhänge genau kennen. Du hast mich bisher in Allem verstanden und ich traue fest darauf, daß Du auch in dieser Sache nur richtig nachempfinden kannst. Innerlich habe ich diesen Zwischenfall sehr schnell überwunden, weil ich ihn irgendwie gar nicht als zu mir gehörig ansah. So - mein geliebtester Schatz - jetzt fühle ich mich erleichtert, nachdem Du alles weißt.

Nun zu uns Beiden - mein armer über alles geliebter Mensch. Irgendwie geht doch alles, was sich ereignet hat, über das Fassungsvermögen hinaus. Daß wir inzwischen ein viertes Kind haben, ich es erst acht Tage danach erfahren habe und diesen kleinen Menschen, der doch von mir stammt, nie im Leben sehen werde, kann ich einfach nicht begreifen. Daß alles gut gegangen und Du gesund bist, ist mir der einzigste Trost. Gib dem kleinen Wurm einen zarten Kuß auf sein Bäckchen von seinem unbekannten Papi. Sie wird am wenigsten unter all diesen Traurigkeiten leiden!

Geliebtes, wenn ich Dir zu Anfang schrieb, daß es auch schwere Stunden für mich gegeben hat, so waren es in der Hauptsache die, in denen ich mich mit dem Schicksal meiner so heißgeliebten kl. Familie beschäftigte. Ich kann eigentlich gar nicht daran denken. Wollen wir uns jetzt nicht alles im Einzelnen ausmalen! Du weißt es so gut wie ich und helfen kann ich Euch doch gar nicht. Mein Geliebtes, das ist das Entsetzliche an meiner Lage, Euch hilf- und schutzlos zurückzulassen, ohne auch nur mit einem Ratschlag helfen zu können. Ich zerbreche mir den Kopf, aber wie soll ich Dir einen vernünftigen Rat geben, wo ich doch die herrschenden Umstände gar nicht kenne. Meine einzige Zuversicht ist mein Glaube an Dich, an Deinen Mut und an Dein in der Not starkes Herz. Vollends wahnsinnig würde ich werden, wenn ich auch nur mit einem Gedanken es für möglich hielte, daß Du mir innerlich einen Vorwurf machen könntest. Du wirst immer davon überzeugt sein, daß ich nicht leichtfertig Eure Zukunft zerstört habe, sondern einer Idee diente, von der ich geglaubt habe, daß sie eine Rücksicht auf Familie und Privates nicht rechtfertige. Der liebe Gott und das Schicksal haben gegen mich entschieden, aber ich nehme die felsenfeste Überzeugung mit ins Grab, daß Du mich deswegen mit keinem Gedanken richten wirst. Man darf sich auch nicht überlegen, wie es wäre, wenn man anders gehandelt hätte, denn über diesen Überlegungen wird man ganz mürbe. Man kann nichts Geschehenes ungeschehen machen. Weißt Du - Geliebtes - es ist mir in den letzten Wochen so unbedingt klar geworden, daß all unsere Schritte und unser Geschick letztlich nur vom lieben Gott geleitet werden. Auch in meiner Lage habe ich von Anfang an das ganz bestimmte Gefühl gehabt, daß alles nach Gottes Willen abrollt. Einen schönen Spruch lege ich Dir ans Herz wegen seiner Wahrheit:

> »Sorget nicht, sondern lasset in allen Dingen eure Bitten im Gebet und Flehen mit Danksagung vor Gott kund werden.«

Und werden unsere Bitten nicht erfüllt, so müssen wir uns sagen, daß Gottes Wege nicht unsere Wege sind und wir nie wissen können, was für uns das Beste ist. Mein Engel, ich werde Dir in dieser Form fremd sein, aber glaube mir, diese Wochen haben mich wirklich gläubig gemacht und ich bin unendlich dankbar dafür. Der christliche Glaube und der Glaube an ein »himmlisches Reich« sind das Einzigste, was einem in der Not hilft. Ach, mein Liebes - wie oft habe ich an unsere gemeinsamen Versuche gedacht und wie unendlich gerne würde ich jetzt mit Dir über alles sprechen. Der

Weg dorthin führt aber wohl nur über Leid und es muß erst einmal alles gewaltsam von einem gerissen werden. Erst dann kann man eine neue Kreatur werden.
Was für ein sündiger Mensch ich bisher war, ist mir erst jetzt klar geworden. Es ist sehr viel verlangt, daß der liebe Gott mir das alles verzeiht, wo ich doch erst zu Ihm gefunden habe, wo die wirkliche Not begann. Aber ich habe Ihn oft darum gebeten und glaube, daß Er mich erhört hat. Jedenfalls werde ich in diesem Glauben sterben und ohne Furcht und Angst. »Wachet, steht im Glauben, seid männlich und seid stark« soll mich bis zuletzt leiten. Es ist mein Einsegnungsvers. Eine große Hilfe war mir, daß ich in Königsberg und in Berlin mir eine Bibel beschaffen konnte, die meine Hauptlektüre war. Das ist mein Wunsch und guter Rat an Dich, mein Geliebtes, versuche ernsthaft, ein wirklicher Christ zu werden. Es ist bestimmt die stärkste Waffe, die man haben kann. Wenn man will und immer wieder darum bittet, versagt sich einem der liebe Gott auch nicht. Dir bestimmt nicht, denn Dein Herz ist so gut. Mein Liebes, ich habe Dir auch dieses alles so ausführlich geschildert, weil ich will, daß Du alles, was mich bis zu meinem letzten Tag bewegt hat, genau weißt.
Ich bin übrigens nirgends wirklich schlecht behandelt worden und habe überall Menschen gefunden, die gut zu mir waren und sich aus ehrlichem Mitgefühl um mich sorgten. Manchmal war ich richtig gerührt darüber. Es gibt überall böse, aber auch viele gute Menschen. Weißt Du, ich habe so oft an unsere Gespräche gedacht, worin Du mich anhalten wolltest, mehr geistige als irdische Schätze zu sammeln. Wie hast Du nur Recht gehabt! Wo sind alle irdischen Schätze hin? Vergangen wie eine Dampfwolke! Das liebe Steinort ...

Mein Geliebtes, ich kann das alles nur andeuten, hätte natürlich noch allen vielmehr zu sagen, aber ich kann schon kaum mehr schreiben und kann ja auch nicht alles in diesem einen Brief sagen und ich darf jetzt nicht sentimental werden. Der Gedanke, daß wir beide, die wir doch so ganz zusammengehören, uns nun nie, nie wieder auf dieser Erde sehen werden, ist für mich unfaßlich. Sieben herrliche Jahre haben wir zusammengelebt. Du bist auch jetzt niemals von mir gewichen. Ich habe immer das feste Gefühl gehabt, daß Du neben mir hergehst und mit diesem Gefühl werde ich bis zur letzten Sekunde bleiben. Wir wollen dankbar sein für alles, was wir aneinander und miteinander gehabt haben. Für Dich, Geliebtes, ist ja alles viel, viel schlimmer als für mich. Für meine Person, dessen sollst Du gewiß sein, fürchte ich den Tod nicht. Ich fürchte ihn nur im Hinblick und im Gedanken an Dich und unsere geliebten süßen Kinder. Wie wirst Du ihnen das nur alles erklären? Sie sind ja Gott Lob noch sehr jung und werden das wohl so ganz nicht verstehen. Wer weiß, was überhaupt die Zukunft bringt! Um eins bitte ich Dich. Du wirst die nächste Zeit sehr traurig sein, das weiß ich und kann es Dir doch nicht ersparen. Ich weiß, daß Du mich bestimmt nicht vergessen wirst. Aber wenn Ihr von mir sprecht, tut es mit frohem Sinn und nicht so gewiß traurig verhalten, wie man das meistens erlebt, wenn von Toten gesprochen wird. Ich habe mein kurzes Leben fröhlich (vielleicht zu fröhlich) durchlebt und möchte, daß man mich auch so in Gedanken behält. Du wirst verstehen, wie ich das meine! – Kein Mensch kann sagen, wie Dein Leben nun weiter gehen wird. Wo ich auch bin, werde ich immer für Dich beten. Gebe Gott, daß Dir größeres Leid erspart wird. Du bist das Allerliebste, was ich auf dieser Welt zurücklasse. Hätten wir uns doch wenigstens noch einmal sehen und umarmen können. Es war nicht möglich! Bitte, bitte zergräme Dich nur nicht um mein Schicksal. Ich weiß, daß man sich, wenn einem ein lieber Mensch aus der Welt gegangen ist, genau vorzustellen versucht, wie alles im Einzelnen war und was er durchgemacht. Ich habe Dir ja schon gesagt: ich habe keine Furcht, ich bin innerlich mit mir fertig, ich werde stolz und aufrecht allem entgegensehen, Gott bitten, daß Er mir Seine Kraft nicht entzieht und mein letzter Gedanke wirst Du und meine Kinder sein.

»Des Todes rührendes Bild steht nicht als Ende dem
Frommen und nicht als Schrecken dem Weisen.«

Ich will mich weder als Frommen noch als Weisen bezeichnen, sehe das Ende aber in diesem Sinne. (Diesen hübschen Vers sagte mir heute mein Verteidiger.)

Einzigstes – Du glaubst nicht, wie schwer es mir fällt, diesen Brief und damit unser letztes Gespräch zu beenden, aber mal muß es sein. Wir werden uns über den Tod hinaus so lieb behalten, wie wir uns im Leben geliebt haben. Dieser Brief wird Dir weh tun, aber ich mußte doch noch einmal alles mit Dir besprechen. Der liebe Gott beschütze Dich und unsere Kinder auf all Euren Wegen. Es umarmt Euch und liebt Euch über alles auf der Welt

Euer Peps und Dein Heini

## ULRICH-WILHELM GRAF SCHWERIN VON SCHWANENFELD

Geboren am 21. 12. 1902 in Kopenhagen. Hingerichtet am 8. 9. 1944 in Berlin-Plötzensee. Im Zusammenhang mit den Ereignissen am 20. Juli.

*An seine Frau*

Berlin-Plötzensee, den 8. September 1944

Mein Liebling! Nun ist die letzte Stunde gekommen ... Ich kann Dir nichts mehr raten, nur bitten, daß Du den Kindern die Jugend so froh als möglich gestaltest, was bei aller Einschränkung möglich ist. Denk an Deine eigene Jugend. Laß die Jungens viel lernen und Berufe ergreifen, die ihren Anlagen entsprechen und aus denen ein Aufstieg möglich ist. Also nicht ... ein ungeliebter Beruf, den er nicht voll ausfüllt ... Daß ich ungebeugt in den Tod gehe in dem festen Bewußtsein, nichts für mich und alles für unser Vaterland gewollt zu haben, das muß Dir immer Gewißheit bleiben und das mußt Du den Söhnen immer wieder sagen. Du weißt, daß zu allen Zeiten mein Handeln auf Deutschland ausgerichtet war, nach der Tradition der Familie aus glühender Vaterlandsliebe, die alles andere überwog. Andere Zeiten werden andere Sitten und Anschauungen im Einzelnen bringen, aber die Liebe zum Vaterland wird ewig der Bestandteil des Lebens bleiben, der alles andere beherrscht. Erziehe die Söhne zu christlichen Edelleuten ohne Engigkeit im Denken aber auch ohne Laxheit. Und nun noch Dir aus übervollem Herzen Dank für Deine Liebe, die mein Leben verschönte. Sei tapfer und bewahre mir Deine Liebe bis an Dein Lebensende ...

Ich muß Schluß machen. Grüße alle, die ich liebte und die mich geliebt und geschätzt haben.
Ich umarme Dich und die Jungens in Gedanken als Dein Dir unendlich dankbarer

Ulrich-Wilhelm

## PETER HABERNOLL

Geboren 1924, hingerichtet am 20. 9. 1944. Schüler. Als Siebzehnjähriger eingezogen. Am 27. 3. 1944 aufgrund der Anzeige eines Kameraden, mit dem er sich im Dezember 1943 unterhalten hatte, verhaftet. Am 14. 7. 1944 zum Tode verurteilt.

### *An seine Mutter*

Untersuchungsgefängnis Litzmannstadt, 12. Mai 1944

Liebe, kleine Mutti! Hab Dank für Deinen traurig-freudigen Frühlingsbrief. Und ich will Dir auch gleich, wenn auch nur kurz, darauf antworten. Das geht nicht immer so schnell, wie sich das so kleine Muttis vorstellen. Es besteht dann nicht gleich Anlaß zum Sorgen machen und Traurigsein. Abgesehen davon, daß mir nicht immer zum Schreiben zumute ist. Ohne daß ich immer gleich tieftraurig zu sein brauche, bin ich doch abhängig von dem, was man so »Stimmung« nennt und von der allgemeinen Atmosphäre in so einem Bau wie diesem und in so einer Zelle. An manchen Tagen auch starren einen diese glatt-grauen Wände so blöd an, daß man gar nichts mehr zu sagen weiß. Das Morgenstern-Bändchen, den Schiller und »West-Östliche Begegnung« und die herrlichen van Gogh- und Gauguin-Karten habe ich erhalten. Meine Freude kann ich gar nicht so ausdrücken. Und ich glaube fast, man wird der Worte schon zu sehr entwöhnt durch dieses lange Schweigen. Im Augenblick bin ich beim Schiller. Die Leseatmosphäre ist gerade günstig in letzter Zeit, und diese Zeit muß man ja nützen. Übrigens das einstündige Erlebnis der täglichen »Freistunde« mit Maienluft, Frühlingssonnenstrahlen und einem von kleinen weißen Sommerwölkchen betupften Himmel - und der Duft von jungen grünen Bäumen, brachten mich letztens ganz vom Thema ab. Bei aller Geduld, die ich gefunden habe, ließ sich ein kleines Herzklopfen doch nicht ganz unterdrücken. So ein bißchen Frühling geht mir dann immer durch Mark und Bein. --- Nun hast Du wieder ein bißchen von mir gehört und weißt, daß ich noch wohl und ganz lebe. Seid alle herzlichst gegrüßt!

Untersuchungsgefängnis Berlin-Tegel, 6. Juni 1944

Liebe, kleine Mutti! Verzeih mein langes Schweigen - es lag diesmal nicht an mir. Und auch jetzt nur einen »kurzgefaßten, gut leserlichen« Brief als Lebenszeichen von mir, das für vier Wochen reichen muß! Ja, damit müssen wir uns jetzt schon abfinden. Seit dem 27. Mai bin ich nun schon hier - nach einer Reise, die mir dank einer vernünftigen Begleitung zu einer erholsamen Abwechslung wurde - und beginne mich an die gegenüber Litzmannstadt doch sehr anderen Verhältnisse zu gewöhnen.
Für mein seelisches Wohl mit Büchern usw. zu sorgen brauchst Du leider nun auch nicht mehr. Mit Eßwaren ist das hier auch nicht so wie in Litzmannstadt. Bitte, bitte denkt daran. Mehr Worte kann ich über dieses Thema nicht verlieren. Kummer brauchst Du Dir um mich nicht zu machen, ganz gleich, wie's kommt. Der Satz vom »Geist - der nicht sterben kann - unter keinen Qualen« ... von Franz Marc, steht über allem und bleibt in mir lebendig. Richtig schlecht kann's mir da doch nicht gehen. In diesem Sinne ...
Zu einem Besuch hier würde ich nicht unbedingt raten. Es

ist hier auch kein schöner Eindruck für sorgengeplagte Muttis. Ich überlasse das jedoch ganz Dir. Laß es Dir so gut gehen, wie irgend möglich und bleib so tapfer, gleich was kommen mag - ich will es auch sein.

Untersuchungsgefängnis Berlin-Tegel, 7. Juli 1944

Kleine Mutti! »... ja, ja - man hat's nicht leicht, aber man hält's doch aus« - möchte ich wie der alte Hiddenseer Fischer ausrufen. Dies zur geistigen Untätigkeit verdammt zu sein ist nicht schön. - Eine schöne Kunst- und Literaturgeschichte brauchte ich - und mir wäre wohler. Adolf Hitler schrieb in seiner Landsberger Festungshaft einen »Kampf«. Ich würde es auch tun - aber wofür? wogegen?! Dies nicht zu wissen, eben so gar keinen Vorwand für sein Leiden zu haben, macht die Sache etwas quälerisch.

- Jedoch so kleine Sonnenstrahlen gibt's ja immer, wie auch Deinen Brief vom 27., den ich, als Du mich hier besuchtest, natürlich noch nicht bekommen hatte. Mit den zwei Gauguin-Karten und dem selten schönen, wunderschönen Nietzschesatz vom »Jasagenden«. Mir kommt dabei vieles in den Sinn, was ich Dir jetzt in einem großen Brief sagen müßte. In so einem »kurzgefaßten« läßt sich das nicht ausdrücken. Ich kann Dir also nur raten, wenn Du wieder einmal eine ruhige Stunde hast, den »Großinquisitor«, ein Kapitel in den Brüdern Karamasow, zu lesen. Eine ganz ruhige Stunde müßte es sein. - Und wenn Du Sehnsucht hast, mit mir ein bißchen zu sprechen und meinen Geist beschwören willst, dann spiele vor allen Dingen den langsamen Satz aus dem »Italienischen Konzert« Bachs. Dann bin ich ganz bei Dir! Tu's!

Dank noch für Deinen Besuch. Es hat Dir hoffentlich nicht noch mehr Kummer bereitet, mich in dieser Umgebung zu erleben. Daß ich im übrigen von meinem »Verbrechertum« nicht durchdrungen bin, wird Dir hoffentlich nicht als ein Zeichen von Unreife und Oberflächlichkeit erschienen sein. Mir hat Dein Besuch um so mehr Freude gemacht, als ich mich nun wieder auf etwas freuen kann. In 14 Tagen schon kann ich doch mit Deinem Besuch rechnen. Das Mitgebrachte ward mir übrigens zu einem Genuß, den ich gar nicht beschreiben und den Ihr Euch gar nicht vorstellen könnt! --- Seid alle herzlichst gegrüßt. Dir eine große Umarmung!

Nach der Verurteilung

Berlin-Spandau, 2. August 1944

Ihr Lieben - liebe kleine Mutti! - Ich komme zu wenig aus einem sorglos schönen Leben, als daß das Unglück nun restlos niederschmetternd für mich wäre. Es kommt nicht wie ein Blitz aus heiterem Himmel, sondern in ein Leben, das voller Widerstände und seelischer und körperlicher Qual für mich war. Ich habe nicht so sorglos-oberflächlich dahingelebt, sondern das Schicksal hat mich meinen Gott zur rechten Zeit suchen gelehrt. Ich habe ihn gefunden, soweit ihn ein Mensch finden und erkennen kann - und Er ist mir nahe und hilft mir.
Ich fürchte den Tod, so wie ich Gott fürchte. Ich liebe das Leben, wie man es als Neunzehnjähriger lieben kann - aber ich weiß, daß der Tod für mich keine Strafe sein kann. Es ist schwer, sein Leben nicht mehr verteidigen - nicht mehr

darum kämpfen zu können. Das mögt Ihr nun, soweit es irgend möglich ist, tun. - Nein, ich bin nicht mehr so hoffnungsfroh wie ich war, aber ich bin fern der Verzweiflung und ruhig. Und solange die Sonne noch scheint und ich den Himmel über mir sehe, will ich an das Leben, an mein Leben, glauben.
Die äußeren Verhältnisse haben sich denen gegenüber, wie sie zuletzt in Tegel waren, etwas gebessert. Ich habe Gelegenheit, zusammen mit einem Kameraden eifrig französisch zu treiben. Meine Lektüre besteht abwechselnd aus »Faust«, Grillparzers Meisterwerken und dem Alten und Neuen Testament. Nebenbei klebe ich ein bißchen Tüten.
Tut nun, was sich zur Milderung meiner Lage und zur Abwendung des drohenden Geschickes für mich tun läßt und bleibt im übrigen stark, fest und gläubig - ich will es auch sein.
Alle die mit mir sind, grüße ich, und umarme meine arme kleine Mutti!

Spandau, 7. September 1944

Meine liebe kleine Mutti! Habe Dank für Deinen lieben, langen, trostreichen Brief - so voller Optimismus und Lebensmut. - Und eigentlich weiß ich Dir nicht zu antworten. So grau und schwer ist doch der Himmel über mir und nur allzuschwach scheint die Sonne in diese Atmosphäre und diesen Erlebnissen, unter denen man hier leben muß. - Und doch, ich lebe noch, mit aller Kraft, die ich noch habe, unter Zusammenfassung allen Willens. Nicht beten und flehen will ich; der Wille zum Leben ist mein Gottvertrauen. Und meine Gedanken sind bei Euch, bei denen, die diesen Willen mit mir haben. -

Ganz tief steht die Sonne jetzt am Himmel und scheint ganz blutig-rot als wie von einer fernen, anderen Welt in meine Zelle.
Bei Sprecherlaubnis bitte nur Du - über kahl geschorenen Schädel bitte nicht zu erschrecken.

Spandau, 20. September 1944

Ihr Lieben - meine liebe kleine Mutti! Es ist so weit - und ich bin ruhig wie noch nie in meinem Leben und zuversichtlich. Ich wußte es seit Tagen und Wochen, wenn ich es auch vor Euch und mir nicht wahr haben durfte. Der Herrgott ist mir nahe und hat mir Seine Hand gereicht - und hat mir Kraft gegeben. Er wird sie meiner armen, kleinen Mutti nicht versagen. Ihr dürft den Mut nicht verlieren, Ihr müßt weiterleben, jetzt wie noch nie. Daß ich heute erschossen bin, soll niemandem verheimlicht werden.
Bleibt getrost wie ich es bin.
Ich umarme und küsse meine kleine Mutti.

Peter

## NIKOLAUS VON HALEM

Geboren am 15. 3. 1905 in Schwetz an der Weichsel (Westpreußen). Hingerichtet am 9. 10. 1944 in Brandenburg. Jurastudium. Nahm schon früh Verbindungen zu verschiedenen Widerstandskreisen in Deutschland und Österreich auf. Zugleich Mittelpunkt eines eigenen Kreises. Am 22. 2. 1942 verhaftet. Am 16. 6. 1944 zum Tode verurteilt.

*An Karl Ludwig Freiherrn von Guttenberg* 16. Juni 1943

Mein Lieber!
Ich fürchte, daß ich die Gelegenheit eines solchen Briefes auffassen muß, als wäre sie die letzte. Mir geschieht, wenn ich in dieser Sache untergehen sollte, ein himmelschreiendes Unrecht. Die gegen mich erhobenen Beschuldigungen sind außerordentlich schwer, aber auf die phantastischste Weise lügenhaft und – wie mir scheinen will – im Grunde wenig überzeugend. Sie sind jedenfalls aus sehr niedrigen und verächtlichen Motiven erwachsen und werden geradezu mit einer entwaffnenden Stirn vorgebracht. Was mit mir geschehen wird, ist mir gänzlich ungewiß. Das Schlimmste ist so wahrscheinlich wie ein guter Ausgang. Also gilt es wohl dafür bereit zu sein, daß nun bald geschieden werden muß, und ich nun auch zu den Menschen gehören soll, die von Dir, mein Lieber, weggehen, wie Du sagst. Denn ich habe mich Dir immer sehr nahe gefühlt und glaube schon, daß uns mehr verbindet, als wir uns so in der Gelassenheit des Alltags eingestanden. Und gerade jetzt, wo vielleicht die Reihe an mich kommt, kann ich Dir die in Deinen Worten so einfach ausgedrückte, aber durchaus zwiespältige Bitternis des Zurückbleibenden deutlich nachfühlen. Aber glaube mir, auch für den anderen sieht es sehr ähnlich aus. Das

Weggehen scheint mir nicht schwer zu sein, aber das Zurücklassen ist furchtbar bitter. So bin ich auch im Hinblick auf mich selbst ganz getrost und unerschüttert, wenn auch auf das Äußerste vorbereitet. Muß ich sterben oder ohne Aussicht auf Rettung in einer Vorform der Unterwelt versinken, so verliere ich nicht mich, wohl aber Euch alle, an denen mein Herz hängt. Ich kann nicht davon sprechen, mit welcher schmerzlichen Innigkeit ich an Viktoria und die Kinder denke, und wie mich die Sorge um ihre Zukunft peinigt. Mir bleibt nichts als das Vertrauen auf den ritterlichen Kreis der Freunde, daß er sich um die Verlassenen stelle und ihnen in ihrer Bedrängnis Schutz biete. Laßt Viktoria und die Kinder nicht im Stich, Du und die anderen Freunde. Denke daran, wieviel schwerer V.s Schicksal in einem solchen Falle ist, als das einer Kriegswitwe. Helft V. mein Andenken zu bewahren und bestätigt durch Eure Freundschaft auch für meine Söhne, daß mein Ende traurig und ohne Glanz, aber auch ohne Schuld und nicht schmählich war. Sorgt dafür, daß der Vater nicht im Leben und Denken meiner Söhne ein dunkler Punkt und eine Wunde bleibe, von der je weniger desto besser gesprochen wird. Erspart ihnen wenigstens diese fortwuchernde Folge meines Unglücks, an dessen Entstehung sie in keiner Weise teilhaben. Sorgt auch dafür, daß Viktoria in der »Welt« bleibe, von der sie selbst zwar auf eine wunderbare Weise frei und unabhängig ist, die sie aber ohne mich um der Kinder willen braucht. Alles dies kann die Familie allein nicht bewirken, zumal sie fast nur aus Frauen besteht. Eure Freundschaft allein kann V. und die Kinder vor dem grauen Mittelmaß bewahren, das Witwen und Waisen so oft verschlingt. Wie froh würde mich deshalb auch der Gedanke machen, daß Du und die Anderen Verbindung mit meiner Mutter aufnehmen. Auch deshalb stehe ich hier und muß große Leiden erdulden, weil ich einer von Euch bin und weil die heimtückische Niedertracht nicht nur die Person, sondern die Art haßt. Tretet für diese Art ein, die Ihr ja selbst seid, auch wenn sie in meinen kleinen Söhnen bedroht wird, und gebt ihnen Rat, Hilfe, Förderung und Verteidigung. Lehrt sie, was auch die beste Mutter nicht kann, »Speere werfen und die Götter ehren«, und duldet nicht nur, sondern sorgt auch dafür, daß sie meinen Platz in Eurer Mitte einnehmen ...

Von diesem Ort aus erscheint mir mein Leben als ein wunderlich verschlungener Pfad, der sich aber jetzt ganz ins Ungewisse, Verworrene zu wenden scheint. Aber ich sehe die nächste Biegung mit Ruhe nahen, was sich dahinter auch verbergen mag. Ich glaube, bei Jesajas steht: »Fürchte dich nicht, denn ich habe dich erlöst! Ich habe dich bei deinem Namen gerufen, du bist mein!« Aber es ist eine in alle Tiefen dringende Erfahrung, wenn dieser Vordergrund, das Ich so schattenhaft zu werden beginnt. Wie verändert es den Rückblick, wenn plötzlich geraten erscheint, in ihm den einzigen Aspekt zu suchen! Über wie vieles kann man nicht mit einemmal ganz fröhlich und sanftmütig lachen, denn ich habe - Gott sei Dank - das Lachen noch nicht verlernt, sondern höchstens in mehreren Lebenslagen die Kraft und Lust dazu neu gewonnen. Dennoch zeigt mir der Rückblick mehr Schatten als Licht. Ich sehe jetzt erst, wie sehr ich mein Leben nur als Reaktion auf Triebe, Nöte und Anwandlungen gelebt habe, und wie wenig ich dabei von der Stelle gekommen, im Sinne höherer Wirklichkeit in Bewegung geraten bin. So geht das Düstere immer wieder von mir selbst, das Helle von anderen Menschen aus. Auch von Dir! Und wenn ich bei aller Skepsis gegenüber meiner Macht, das Unheil zu wenden, doch keineswegs gesonnen bin, mich wehrlos fallen zu lassen, wenn ich im Bewußtsein des mir angetanen, schmählichen Unrechts und des eigenen Rechts mit gespannter Aufmerksamkeit und ungeminderter Kraft auf jede Gelegenheit spähe, um diese widerliche, würgende Schlinge von meinem Halse abzustreifen, so vor allem aus dem brennenden Wunsch, Ungetanes zu tun, Unerfülltes zu vollenden, auszusprechen, was mir zu diesem Zweck als Gedanke gegeben wurde, und in eine höhere Schicht des Lebens zu wachsen. Denn es ist hart, auf eine so sinnlose Weise unterzugehen, und jeder Anstrengung würdig, nach einem besseren Los zu streben. Ich weiß sehr wohl, daß andere einstweilen so gut wie nichts, ich selbst aber auch nicht viel mehr dafür tun kann. Um so mehr suche ich meine Kraft zu sammeln und für eine Stunde bereitzuhalten, in der es auf mehr ankommt als dulden, aushalten, widerstehen. Aber es würde mich nur schwächen, wenn ich mich inzwischen in Hoffnungen und Aussichten wiegen würde, die auf Hilfe von außen, auf unvorhergesehene Wendungen oder ähnliche Traumgebilde gegründet sind. Schon viele Menschen sind unschuldig umgebracht worden und diese Zeit macht ja die Beiläufigkeit eines einzelnen Schicksals besonders deutlich ...

Grüße mir alle Freunde und gib meine Bitte weiter an sie. Übernimm Du es, sie ein wenig dazu anzuhalten. Ich denke an Euch alle mit der größten Herzlichkeit. Jedes fröhliche Lachen klingt mir noch im Ohr, jedes ernste Wort geht mir durch den Kopf, jeder gute Rat, jeder Blick, alle Freundlichkeit sind mir gegenwärtig und deutlich, sie umgeben mich wie ein Panzer gegen tausend kleine Widrigkeiten.

Wer weiß, mein Lieber, vielleicht sitzen wir eines Tages wieder bei einem guten Glase beisammen und denken mit

Lachen und Wehmut der alten Zeiten. Wenn aber nicht, so will ich Dir heute für das Geschenk Deiner Freundschaft und die vielen guten Stunden danken, die wir in ihr miteinander verlebt haben. Aus ihnen erwuchs, wie nicht aus vielen anderen Dingen, zu ihrem Teil der Reichtum meines Lebens.

Lebe wohl, mein Lieber! Dein Treuer

*An seine Mutter*

(Wenige Minuten vor der Hinrichtung mit gefesselten Händen geschrieben.)

Liebe Mutter!

Jetzt habe ich auch die letzte kleine Unruhe überwunden, die den Baumwipfel faßt, ehe er stürzt! Und damit habe ich das Ziel der Menschheit erreicht. Denn wir können und sollen wissend dulden, was der Pflanze unwissentlich widerfährt.

Adieu, ich werde geholt.

Tausend Küsse Dein Sohn

## ADOLF REICHWEIN

Geboren am 3. 10. 1898. Hingerichtet am 20. 10. 1944 in Berlin-Plötzensee. Bis zu seiner Absetzung durch die Nationalsozialisten im Jahre 1933 Professor an der Pädagogischen Akademie Halle. Sozialdemokrat. Von 1933–1939 Dorfschullehrer. 1939 Leiter der Abteilung Schule und Museum bei den Staatlichen Museen Berlins. Seine Zugehörigkeit zum Kreisauer Kreis führte zur Denunziation und Verhaftung.

*An seine Frau* 16. Oktober 1944

Meine liebe Romai!
Zum Sonntag kam Dein Brief. Welcher Glanz kam damit zu mir. Wie oft habe ich jede Zeile gelesen, jedes Wort. Und welcher Schatz dabei die Bilder von Euch, die ich seit meinem Geburtstag bei mir habe. Ich versuche mir auch das äußere Geschehen vors innere Auge zu holen, um von fernher ein wenig daran teilzunehmen. Dann sehe ich Renate mit ihrer Geige oder die ersten englischen Vokabeln übend, Roland ernsthaft beim Lesen, Katrin mit ihrer Schiefertafel und Sabinchen mit der Puppe. Und nachmittags alle draußen im sonnigen Herbst. Und dieses ganze Leben wird von Deiner festen Hand gelenkt; das erscheint mir gerade jetzt als ein großes Geschenk und ist eine wirkliche Beruhigung. Ich weiß, Du machst es gut. Wenn ich durch Dich noch allen danken könnte, die Dir bei Deinen Lasten und Sorgen helfen!
Daß Sabinchen öfters nach mir fragt, ist ja verwunderlich. Ich hatte gehofft, daß sie über die äußere Trennung ohne Rückerinnerung hinweg käme. Daß Roland sie schon empfinden würde, war mir immer klar. Aus Deinem Brief sehe ich, daß er wieder zur Schule geht. Und Katrins Schule hat

auch angefangen! Es bewegt mich sehr, daß sie mit Eifer bei ihren Aufgaben ist. Ich hätte nicht gedacht, daß ihr der Übergang zum Schulkind so leicht werden würde. Aber Du hast recht: es ist Roland da! Daß Sabine jetzt an Katrin heranwächst, freut mich besonders; das wird ihrer Entwicklung tüchtige Impulse geben (obwohl sie solche eigentlich gar nicht nötig hat!).

Noch ein Wort zum Cello für Roland: überlegt's nochmal. Man ist ja leicht geneigt, die Instrumente unter die Kinder nach den Bedürfnissen der Kammermusik zu verteilen, und dann käme das Cello eben auf ihn. Aber ich hatte von Anfang an das Gefühl, es würde ihm auch persönlich liegen und Freude machen. Aber das ist ja keine Sorge des Augenblicks. Das Musikalische bei den Kindern bewegt mich nur sehr; darum freut mich besonders die Nachricht, daß der Flügel jetzt sichergestellt ist.

Es war mir darum eine schöne Nachricht, daß Renate guten Geigenunterricht hat. Meine Gedanken sind oft in der stillen Göttinger Straße. Dann sehe ich Deine so liebevolle und sorgende Mutter, die für mich der Inbegriff fraulicher Güte geworden ist, und Deinen immer noch geistig tätigen und schaffenden Vater, der es zwar gelassener als der meine nimmt, aber sich ebensowenig vom Leben pensionieren läßt wie dieser.

Der Brief meines Vaters ist wie alles, was von Dir kommt, eine Stärkung; diktiert von einer stoischen Ruhe, zu der Vater sich in einem langen, schweren Leben geläutert hat. Und eine väterliche Ermahnung, am Ende stärker zu sein als das Schicksal.

Daß meine Gedanken auch immer wieder um das eigene Leben kreisen, brauche ich kaum zu sagen. Aber darüber läßt sich kaum jetzt schreiben, so wohltuend es auch wäre.

Das eine drängt sich beim Überfliegen der Jahrzehnte auf: wie reich und schön diese Zeiten für mich gewesen sind. Das Schwere etwa des vorigen Krieges tritt ganz dahinter zurück. Um so stärker strahlt die ländlich gesunde, ungebundene Jugend, die zehn Jahre im »Wandervogel« mit den weiten und nahen Fahrten, die Jugendfreundschaften, die glückliche Studienzeit in Frankfurt und Marburg mit neuen unzertrennlichen Freundschaften, dann das mit Begeisterung erfüllte Berufsleben in der Volksbildung, die seltenen Lebensgeschenke meiner Reisen in Europa, Amerika, Ostasien, die vier Jahre Fliegen und Welt aus der Vogelperspektive, dazwischen die wissenschaftlichen Arbeiten, die Nächte wie Tage kosteten und schließlich das Schönste und Reichste: die zwölf Jahre mit Dir und den Kindern. Wieviel Anlaß dankbar zu sein.

Dir vor allem Dank und Liebe! Dein Edolf

## KIM MALTHE-BRUUN

Geboren am 8. 7. 1923 in Schaheswan-Forts (Kanada). Hingerichtet Anfang April 1945 in Dänemark. Seemann. Mitglied einer Widerstandsgruppe in Kopenhagen.

*An seine Mutter*

21. Dezember 1944

Liebe Mutter!
Ich habe es ausgezeichnet und befinde mich weit besser als erwartet bei meinem neuen Leben. Es sind ja unleugbar ganz neue Umgebungen und ganz neue Eindrücke, aber zweifellos die eigene Entwicklung fördernde ... Ich sitze in der Zelle mit fünf anderen, und die Diskussionen gehen hoch über alles mögliche zwischen Himmel und Erde ...
Nun müßt Ihr alle ganz ruhig sein, es währt wohl nicht so lange, bis ich wieder bei Euch daheim bin.
Eine recht frohe Weihnacht und ein gutes neues Jahr, seid nun guten Mutes und laßt Eure Freude durch den Gedanken an mich nicht trüben. Ich versichere Euch, daß das Schwerste der Gedanke an Euch ist.

Euer Kim

(Geprüft)

13. Januar 1945

--- Die Gestapo setzt sich aus sehr primitiven Menschen zusammen, die sich eine nicht geringe Fähigkeit erworben haben, schwache Seelen zu überlisten und zu erschrecken; schaust Du sie nun etwas genauer an während eines solchen Verhörs, so wirst Du sie eine unbeherrschte Unzufriedenheit zur Schau tragen sehen, als ob sie alle ihre Selbstbeherrschung zusammennehmen müßten, und als wäre es eine Gnade ihrerseits, daß sie einen nicht auf der Stelle niederschössen, weil man ihnen nicht viel mehr erzähle. Schaut man aber in ihre Augen, so sieht man eine ungeheure Befriedigung über alles, was ihnen gelungen ist, aus dem Opfer herauszupressen. Das Opfer selbst sieht erst hinterher ein, daß es sich hat nasführen lassen ...

Höre nun, wenn Du Dich eines Tages in den Händen von Verrätern oder der Gestapo befindest, so schau ihnen und Dir selber gerade in die Augen. Die einzige Veränderung, die nun eingetreten ist, besteht darin, daß sie jetzt über Deine materiellen Verhältnisse bestimmen können. Im übrigen sind sie immer noch der gleiche Auswurf der Menschheit, der sie waren, bevor Du festgenommen wurdest. Schau sie an und fühle recht, wie tief sie unter Dir stehen, und es wird Dir zum Bewußtsein kommen, daß diese Geschöpfe höchstens erreichen können, Dir einige blaue Flecken und schmerzende Muskeln beizubringen ...

Du kommst in ein Zimmer oder einen Gang und mußt Dich mit dem Gesicht gegen die Mauer stellen. Steh dann nicht zitternd da bei dem Gedanken, daß Du nun vielleicht sterben mußt. Ist Dir bange vor dem Tod, dann bist Du nicht alt genug, Dich am Freiheitskampf zu beteiligen, auf keinen Fall aber reif genug. Ist diese Zwangsvorstellung imstande, Dich zu erschrecken, dann bist Du das ideale Objekt für ein Verhör. Sie geben Dir plötzlich und unmotiviert eine Ohrfeige. Bist Du hinlänglich mürbe, so ist sogar die Schmach einer Ohrfeige eine solche Erschütterung, daß die Gestapo die Oberhand gewinnt und dem Opfer einen solchen Schrekken einjagt, daß alles nach ihrem Kopfe geht.

Tretet ihnen ruhig und ohne Haß oder Verachtung entgegen, weil beides ihre überaus empfindliche Eitelkeit viel zu stark reizt. Betrachtet sie als Menschen und nutzt ihre Eitelkeit gegen sie selber aus. (Hinausgeschmuggelt)

Westliches Gefängnis Ohne Datum

--- Ich erlebe nichts. Ich sitze hier hinter vier Mauern und einer verschlossenen Türe, und es geschieht nichts. Ich spreche davon, daß ich in den Tag hineinlebe, das tue ich auch, aber in gleicher Art wie die Wintersaat. Sie liegt ganz still unter ihrer Decke von warmer Erde, sie liegt und wartet, vielleicht träumt sie, denn das Korn, die reiche Ernte, sie werden erst nach dem warmen Sommer geerntet.
Es ist eine merkwürdige Sicherheit, die sich über mich gelegt hat, indem ich hier hinter vier so unendlich festen Mauern sitze. Hier kann ja nichts geschehen, das weiß ein jeder, jedenfalls nichts Überraschendes, und das läßt eine Abgestumpftheit und einen Schlafzustand entstehen, die geradeso, wie ich mir denken könnte, die Wintersaat beherrschen, wenn sie liegt und sich ausruht für die kommenden Kämpfe und Taten ... (Hinausgeschmuggelt)

22. Januar 1945

--- Ich habe in den letzten Tagen ziemlich viel an die Pharisäer von heute gedacht, und wie sehr die Bibel mißbraucht worden ist, und wie gut ich das verstehe. Man liest in der Bibel, ich spreche diesmal vom Neuen Testament, und man sieht plötzlich hinter ein paar Zeilen Jesus klar und deutlich, aber dann verschwindet er wieder hinter der Wort-

flut der Evangelisten, und langsam legen sich ihre schweren Worte auf einen, und als der Sklave, der man ist, wird man durch dieses gleichmachende Gewicht abgestumpft, trottet mit und unterwirft sich ihm, so daß es ein Teil von einem selbst wird.
Ich stand heute auf der Pritsche und sah zum Fenster hinaus, und plötzlich war es, als ob alle die Gedanken, die ich vor kurzem äußerte, zu mir zurückkehrten, gerade in der gleichen Weise wie die Landschaft hier vor mir. Als ich sie zuletzt mit meinen Augen aufnahm, war sie grau und langweilig, es gab nichts Besonderes, das den Blick festhalten konnte, und heute liegt die ganze Landschaft in ihrem schneeweißen Kleid so strahlend da mit einem in der Kälte funkelnden blauen Himmel über sich. Gerade so plötzlich, wie wenn man den Blick erhebt, sah ich den Gedanken von vorher in einem ganz neuen Licht. Ich verstand ihn so (erinnere Dich, jede Jahreszeit hat ihre Tracht), daß die Lehre Jesu nicht eine Lehre sein darf, die man befolgt, weil man es nun mal so gelernt hat und sich davon beeinflussen läßt. Man soll leben nicht laut seinem Gebot, sondern seinem Gebot gemäß in Übereinstimmung mit einer tiefempfundenen Eingebung. Sie soll nicht als eine Beeinflussung von außen, sondern aus dem Herzen kommen, aus der innersten Tiefe der Seele, so wie das bei jeder Eingebung der Fall ist. In diesem Augenblick empfange ich als etwas vom Tiefsten, was ich von Jesus gelernt habe, daß man einzig und allein nach der Überzeugung seiner Seele leben soll.

(Nach der Tortur ist Kim bewußtlos in die Zelle getragen worden. Am nächsten Tage schreibt er:)

3. März 1945

Ich habe seitdem über das Merkwürdige nachgedacht, was eigentlich mit mir geschehen ist. Gleich hernach fühlte ich eine unbeschreibliche Erleichterung, einen jubelnden Siegesrausch, eine so unsinnige Freude, daß ich wie gelähmt war.

Es war, als ob die Seele sich vom Körper ganz freigemacht hätte, als ob diese zwei sich als freie Wesen tummelten, das eine in einem vollkommen frei gewordenen überirdischen Rausch, das andere sich wälzend in einem stark erdgebundenen, leidenschaftslosen Krampf. Ich wußte plötzlich, wie phantastisch stark ich bin. Als die Seele wieder zum Körper zurückkam, war es, als hätte sich der Jubel der ganzen Welt hier versammelt, aber es ging damit, wie mit so viel anderen Genußgiften, als der Rausch vorüber war, kam die Reaktion. Ich wurde gewahr, daß meine Hände zitterten, daß in mir etwas gespannt worden war, daß es war, als ob ein Element in den Tiefen des Herzens Kurzschluß bekommen hätte und sich nun schleunigst entlüde. Ich war wie ein Süchtiger, der von seiner Sucht verzehrt wird. Und doch war ich ruhig und von weit größerer Seelenstärke als je zuvor.

Dennoch, ohne daß mir bange ist, ohne daß ich zurückweiche, klopft mein Herz jedesmal rascher, wenn einer vor meiner Tür stehen bleibt. Es muß etwas rein Körperliches sein, obschon es ja unbestreitbar ein Sinneseindruck ist, der es hervorruft.

Es ging mir gleich nachher auf, wie ich nun ein neues Verständnis für die Gestalt Jesu habe. Die Wartezeit, das ist die Prüfung. Ich versichere, ein paar Nägel durch die Hände geschlagen zu erleiden, am Kreuz zu sterben, ist nicht mehr als etwas rein Mechanisches, das die Seele in einen Sin-

nenrausch versetzt, der mit nichts anderem verglichen werden kann. Aber die Wartezeit im Garten, sie tropft von rotem Blut.
Noch eine merkwürdige Sache. Ich empfand überhaupt keinen Haß. Meinem Körper widerfuhr etwas, es war nur ein Knabenkörper, und er reagierte wie ein solcher, meine Seele aber war von etwas ganz anderem in Anspruch genommen; sie sah wohl die kleinen Geschöpfe, die mit meinem Körper zusammen waren, aber sie war viel zu sehr von sich selbst erfüllt, um sich näher mit ihnen zu befassen.

27. März 1945

... Ich habe seitdem oft an Jesus gedacht. Ich kann die grenzenlose Liebe gut verstehen, die er zu allen Menschen gefühlt hat und besonders zu all denen, die mit dabei waren, seine Hände mit Nägeln zu durchbohren. Er stand hoch über jeder Leidenschaft von dem Augenblick an, da er Gethsemane verließ ...
Jesus hat gefühlt, wie sein ganzes Leben mit eigener glühender Kraft in einem letzten Zusammenziehen alles Stärksten in ihm sich auslebte. Die Angst ist etwas, das von innen kommt, und versucht man, in zu starkem Grad einem Menschen Angst beizubringen, erreicht man sehr leicht nur, ihm jedes Angstgefühl ganz auszutreiben, ihn in einen Zustand zu treiben, wo er unerreichbar über allem steht und vor allem unantastbar ist.

*An seine Freundin*

Westliches Gefängnis
Deutsche Abt. Zelle 411 4. April 1945

Mein eigenes kleines Mädchen,
ich wurde heute vor ein Gericht gestellt und zum Tode verurteilt. Eine schreckliche Botschaft für ein kleines Mädchen von zwanzig Jahren. Ich habe die Erlaubnis bekommen, diesen Abschiedsbrief zu schreiben. Und was soll ich schreiben? Wie soll nun dieser mein Schwanengesang lauten? Die Zeit ist kurz - der Gedanken so viele, was ist das Letzte und Wertvollste, das ich Dir geben kann, was besitze ich, das ich Dir zum Abschied geben kann, daß Du mit Trauer und dennoch mit einem glücklichen Lächeln weiterleben, wachsen und großwerden kannst?
Wir segelten auf dem wilden Meer, wir begegneten einander vertrauensvoll wie spielende Kinder, und wir liebten einander. Das tun wir noch, und das werden wir auch weiterhin tun. Aber eines Tages riß uns der Sturm auseinander, ich stieß auf Grund und versank. Du wurdest an eine andere Küste gespült, Du wirst in einer neuen Welt weiterleben. Du sollst mich nicht vergessen, das verlange ich nicht, warum sollst Du etwas vergessen, das so schön ist, aber Du darfst nicht daran hängen bleiben, Du sollst ebenso leicht und doppelt glücklich weiterleben, denn das Leben hat Dir auf Deinem Weg das Schönste vom Schönen geschenkt. Reiß Dich los, laß dieses glücklichste Glück alles für Dich sein, laß es strahlen als das Stärkste und Klarstc von allem, aber laß es nur eine Deiner goldenen Erinnerungen sein, laß Dich von ihm nicht blenden, daß Du all das Herrliche nicht sehen kannst, das Dir noch bevorsteht. Du darfst Dich nicht

der Schwermut hingeben, Du mußt reif und reich werden, hörst Du, mein eigenes liebes Mädchen.

Du lebst weiter und wirst anderen schönen Abenteuern begegnen, aber versprich mir, das bist Du mir bei all dem, wofür ich gelebt habe, schuldig, daß der Gedanke an mich sich nie zwischen Dich und das Leben stellen wird. Bedenke, daß ich ein Seinsgrund in Dir bin, und wenn ich Dich verlasse, das nur bedeutet, daß er allein weiterlebt. Er soll gesund und natürlich sein, er soll nicht zuviel Platz einnehmen, und nach und nach, wenn größere und wichtigere Dinge an seine Stelle treten, soll er in den Hintergrund gleiten und gerade nur ein kleiner Bestandteil eines Bodens sein, der voll Glück und Entwicklung ist.

Du fühlst ein Stechen im Herzen, das ist der Schmerz, wie man denn sagt, aber, Hanne, schau weiter, wir müssen ja sterben, und wenn ich ein wenig früher oder später entschlafe, so können weder Du noch ich sagen, ob das gut oder schlimm ist.

Ich denke an Sokrates, lies von ihm, und Du wirst Platon erzählen hören, was ich gerade jetzt empfinde. Ich habe Dich grenzenlos lieb, aber jetzt nicht mehr, als ich Dich schon immer geliebt habe. Das ist nichts, das mich im Herzen sticht, so ist es nun einmal, und Du sollst es einsehen. Es lebt und brennt etwas in mir – eine Liebe, eine Inspiration, nenne es, wie Du willst, aber es ist etwas, für das ich noch keinen Ausdruck gefunden habe. Nun sterbe ich, und ich weiß nicht, ob ich eine kleine Flamme in einem andern Herzen entzündet habe, eine Flamme, die mich überleben wird, aber dennoch bin ich ruhig, weil ich gesehen habe und weiß, daß die Natur reich ist, so daß keiner es merkt, wenn ein paar vereinzelte Sprößlinge unter den Füßen zertreten werden und sterben. Warum sollte ich

also verzweifeln, wenn ich all den Reichtum sehe, der noch lebt.
Hebe den Kopf empor, Du meines Herzens allerköstlichster Kern, hebe ihn empor und sieh, das Meer ist immer noch blau, das Meer, das ich so geliebt habe und das uns beide umhüllt hat. Lebe Du nun für uns beide. Ich bin weg und fort, und was zurückbleibt, ist nicht ein Gedenken, das Dich zu einer Frau nach Art der N.N. macht, sondern eines, das Dich zu einer Frau macht, die lebendig und warmherzig, gereift und glücklich ist. Du darfst Dich nicht in die Trauer vergraben, denn so versteifst Du Dich und bleibst in einer Anbetung vor mir und Dir stecken, und Du würdest das verlieren, was ich am allermeisten an Dir liebte - Deine Weiblichkeit.
Merke Dir, und ich schwöre es Dir, daß es wahr ist, daß jeder Schmerz sich in Glück verwandelt, nur werden die wenigsten das nachträglich vor sich selber eingestehen. Sie hüllen sich in den Schmerz, und die Gewohnheit läßt sie glauben, daß es beständig Schmerz sei, und sie hüllen sich immerzu in ihn. Die Wahrheit ist die, daß nach dem Schmerz die Tiefe, und nach der Tiefe die Frucht kommt.
Schau, Hanne, eines Tages wirst Du einem begegnen, der Dein Mann werden wird, und wird dann der Gedanke an mich Dich beunruhigen, wirst Du vielleicht ein schwaches Gefühl bekommen, daß Du mir oder dem gegenüber versagst, was Dir rein und heilig ist? Hanne, schau nochmals empor, schau in meine lachenden blauen Augen, und Du wirst verstehen, daß die einzige Art, in der Du mir gegenüber versagen kannst, darin besteht, nicht ganz und gar Deinem natürlichen Instinkt zu folgen. Du erblickst ihn und lässest Dein Herz ihm entgegenströmen. Nicht um den Schmerz zu betäuben, sondern weil Du ihn aufrichtigen

Herzens liebst. Du wirst sehr, sehr glücklich werden, weil Du einen Grund bekommen hast, auf dem für Dich noch unbekannte Gefühle üppig wachsen werden.
Du mußt Nitte grüßen, ich habe stark daran gedacht, an sie zu schreiben, weiß aber nicht, ob ich noch Zeit dazu habe, es ist, als ob ich fühlte, daß ich für Dich mehr tun kann, und Du bist ja für mich der Inbegriff alles lebendigen Lebens. Ich möchte Dir alles Leben einhauchen, das in mir ist, damit es sich auf diese Weise fortsetzen kann und so wenig wie möglich von ihm verlorengeht, so verlangt es meine Natur einmal.
Nicht für ewig Dein Kim

*An seine Mutter*

Westliches Gefängnis
Deutsche Abt. Zelle 411 4. April 1945

Liebe Mutter!
Ich bin zusammen mit Jörgen, Niels und Ludwig heute vor ein Kriegsgericht gestellt worden. Wir wurden zum Tode verurteilt. Ich weiß, daß Du eine starke Frau bist, und daß Du dies auf Dich nehmen wirst, aber, hörst Du, es ist nicht genug, daß Du es auf Dich nimmst, Du mußt es auch verstehen. Ich bin nur ein kleines Ding, und meine Person wird sehr bald vergessen sein, aber die Idee, das Leben, die Inspiration, die mich erfüllten, werden weiterleben. Du wirst ihnen überall begegnen – in den Bäumen zur Frühlingszeit, in Menschen, die Deinen Weg kreuzen, in einem liebevollen kleinen Lächeln. Du wirst auf das stoßen, was an mir vielleicht einen Wert hatte, Du wirst es lieb haben, und Du wirst

mich nicht vergessen. Ich werde dabei wachsen dürfen, groß und reif werden. Ich werde bei Euch leben, deren Herzen ich einst erfüllte. Und Ihr werdet weiterleben, mit dem Wissen darum, daß ich vorausgegangen bin und nicht, wie Du vielleicht erst meintest, hinter Euch zurückbleibe. Du weißt, was immer mein liebster Wunsch gewesen ist, und was ich glaubte, daß ich werden möchte. Folge mir, Du meine liebe Mutter, auf meinem Weg, und bleib nicht stehen bis zum letzten, verweile aber bei einigem aus dem letzten Lebensraum, der mir beschieden war, und Du wirst etwas finden, was vielleicht wertvoll sein wird sowohl für mein Mädchen wie für meine Mutter.

Ich bin auf einem Weg gewandert, den ich nicht bereue, ich bin der Stimme meines Herzens nie ausgewichen, und es scheint mir nun, daß ich einen Zusammenhang sehen kann. Ich bin nicht alt, ich sollte nicht sterben, und dennoch erscheint es mir so natürlich, so einfach. Es ist nur die schroffe Art, die uns im ersten Augenblick erschreckt. Die Zeit ist kurz, ich kann es nicht richtig erklären, aber meine Seele ist vollkommen ruhig ...

Wie merkwürdig ist es im Grunde, dazusitzen und dieses Lebensdokument zu schreiben. Jedes Wort bleibt stehen, es kann nie wieder gutgemacht, nie gestrichen, nie verändert werden. – Ich habe so viele Gedanken. Jörgen sitzt hier vor mir und schreibt seiner zweijährigen Tochter einen Brief zu ihrer Konfirmation. Ein Dokument fürs Leben. Wir haben zusammen gelebt, und nun sterben wir zusammen, zwei Kameraden ...

Ich sehe, was für einen Weg es geht in unserem Land, und ich weiß, daß Großvater recht behalten wird, aber merke Dir – und Ihr alle müßt es Euch merken – daß Euer Traum nicht sein darf, zu der Zeit vor dem Krieg zurückzukehren, sondern daß Euer aller Traum, der Jungen und der Alten, sein soll, Verhältnisse zu schaffen, die nicht einseitig sind, sondern ein rein menschliches Ideal verwirklichen, das jedermann als ein Ideal für uns alle ansehen und empfinden wird. Das ist das große Geschenk, nach dem unser Land dürstet, etwas, wonach jeder kleine Bauernsohn sich sehnen und mit Freude fühlen kann, daß er daran teilhat und dafür arbeitet...

Endlich ist da sie, die die meine ist. Laß sie einsehen, daß die Sterne noch funkeln, und daß ich nur ein Meilenstein war. Hilf ihr weiter, sie kann noch sehr glücklich werden.

In Eile - Dein ältestes Kind und einziger Sohn Kim

## HELMUTH JAMES GRAF VON MOLTKE

Geboren am 11. 3. 1907 in Kreisau (Schlesien). Hingerichtet am 23. 1. 1945 in Berlin-Plötzensee. Jurist. Bewirtschaftete sein Gut Kreisau. Von 1939–1944 Kriegsverwaltungsrat in der Abteilung Ausland des OKW (Sachverständiger für Kriegs- und Völkerrecht). In den Monaten vor seiner Verhaftung organisierte er auf seiner Besitzung in Kreisau, die der Gruppe den Namen gab (Kreisauer Kreis), Zusammenkünfte, bei denen Fragen der künftigen Gestaltung Deutschlands ohne Hitler besprochen wurden. Stand mit einigen Führern des Aufstandsversuchs vom 20. Juli in Verbindung. Mißbilligte jedoch das Attentat. Infolge einer Anzeige am 23. Januar 1944 in Berlin verhaftet. Am 10. Januar 1945 vom Berliner Volksgerichtshof zum Tode verurteilt.

### *An seine Frau*

Mein Liebes, denk mal wie schön, daß ich noch einmal hier nach Tegel zurückgebracht worden bin, daß die Würfel, deren Fall schon genau feststeht, sozusagen auf der Kante noch einmal halten. So kann ich noch in Frieden einen Bericht schreiben.
Erst einmal den Schluß vorweg: Um 3 Uhr verlas Schulze, der keinen üblen Eindruck machte, die Anträge: Moltke: Tod und Vermögenseinziehung; Delp desgleichen; Gerstenmaier Tod; Reisert und Sperr desgleichen; Fugger 3 Jahre Zuchthaus; Steltzer und Haubach abgetrennt. Dann kamen die Verteidiger, eigentlich alle ganz nett, keiner tückisch. Dann das Schlußwort der Angeklagten, wobei ich als einziger verzichtete. Eugen war, wie ich am Schlußwort merkte, etwas unruhig.
Nun kommt der Gang der Verhandlung. Alle diese Nachrichten sind natürlich verboten.

Es war in einem kleinen Saal, der zum Brechen voll war. Anscheinend ein früheres Schulzimmer. Nach einer langen Einleitung von Freisler über Formalien - Geheimhaltung, Verbot des Mitschreibens usw. - verlas Schulze die Anklage und zwar nur den kurzen Text, der auch im Haftbefehl stand. Dann kam Delp dran, mit dem seine beiden Polizisten vortraten. Die Verhandlung spielte sich so ab: Freisler, den Hercher sehr richtig beschrieben hat: begabt, genial und nicht klug und zwar alles dreies in der Potenz, erzählt den Lebenslauf, man bejaht oder ergänzt, und dann kommen diejenigen Tatfragen, die ihn interessieren. Da schneidet er aus dem Tatbestand eben Dinge heraus, die ihm passen, und läßt andere weg. Bei Delp fing er damit an, wie er Peter und mich kennengelernt hat, was zuerst in Berlin besprochen ist, und dann kam Kreisau Herbst 1943 dran. Auch hier die Form: Vortrag von Freisler, in den man Antworten, Einreden, eventuell neue Tatsachen einbauen kann; besteht aber die Möglichkeit, daß man den Duktus stören könnte, so wird er ungeduldig, zeigt an, daß er es doch nicht glaubt, oder brüllt einen an. Der Aufbau für Kreisau so: zuerst waren es allgemeine Erörterungen mehr grundsätzlicher Art, dann wurde der praktische Fall der Niederlage erörtert, und zum Schluß wurden Landesverweser gesucht. Die erste Phase möge noch angehen, obwohl überraschend sei, daß alle diese Besprechungen ohne einen einzigen Nationalsozialisten stattfanden, dafür aber mit Geistlichen und lauter Leuten, die sich später am 20. Juli beteiligt hatten. - Die zweite Phase aber sei bereits schwarzester Defaitismus allerdunkelster Art. Und das Dritte offene Vorbereitung zum Hochverrat. - Dann kamen die Münchener Besprechungen dran. Das stellte sich zwar alles viel harmloser heraus, als in der Anklage stand, aber es hagelte Pflaumen gegen die katholischen Geistlichen und gegen die Jesuiten: Zustimmung zum Tyrannenmord – Mariano, uneheliche Kinder, Deutschfeindlichkeit usw. usw. Das alles mit Gebrüll mittlerer Art und Güte. Auch die Tatsache, daß Delp bei den Besprechungen weggegangen war, die in seiner Wohnung stattfanden, wurde ihm als echt »jesuitisch« zur Last gelegt: »Gerade dadurch dokumentieren Sie ja selbst, daß Sie genau wußten, daß da Hochverrat getrieben wurde, aus dem Sie gerne das Köpfchen mit der Tonsur, den geweihten, heiligen Mann heraushalten wollten. Der ging derweil wohl in die Kirche, um dafür zu beten, daß das Komplott auch in Gott wohlgefälliger Form gelänge.« Dann kam Delps Besuch bei Stauffenberg dran. Und schließlich die am 21. Juli erfolgte Mitteilung Sperrs, daß Stauffenberg ihm Andeutungen über einen Umsturz gemacht habe. Die beiden letzten Punkte gingen glimpflich ab. Bemerkenswert in der ganzen Vernehmung, daß in jedem zweiten Satz von Freisler irgendwie vorkam: »Der Moltke-Kreis«, »Moltkes Pläne«, »gehört auch zu Moltke«, usw. Als Rechtsgrundsatz wurde verkündet: »Der Volksgerichtshof steht auf dem Standpunkt, daß eine Verrat-Tat schon der begeht, der es unterläßt, solche defaitistischen Äußerungen wie die von Moltke, wenn sie von einem Mann seines Ansehens und seiner Stellung geäußert werden, anzuzeigen.« – »Vorbereitung zum Hochverrat begeht schon der, der hochpolitische Fragen mit Leuten erörtert, die in keiner Weise dafür kompetent sind, insbesondere nicht mindestens irgendwie tätig der Partei angehören.« – »Vorbereitung zum Hochverrat begeht jeder, der sich irgendein Urteil über eine Angelegenheit anmaßt, die der Führer zu entscheiden hat.« – »Vorbereitung zum Hochverrat begeht der, der zwar selbst jede Gewalthandlung ablehnt, aber Vorbereitungen für den Fall trifft, daß ein anderer, nämlich der

Feind, die Regierung mit Gewalt beseitigt; dann rechnet er eben mit der Gewalt des Feindes.« Und so ging es immer weiter. Daraus gibt es nur einen Schluß: Hochverrat begeht, wer dem Herrn Freisler nicht paßt.

Dann kam Sperr. Der zog sich aus der Kreisauer Affäre - mit Recht ein wenig auf meine Kosten - einigermaßen heraus. Es wurde ihm aber folgendes vorgehalten: »Warum haben Sie nicht angezeigt? Sehen Sie, wie wichtig das gewesen wäre. Der Moltke-Kreis war bis zu einem gewissen Grade der Geist des ›Grafen-Kreises‹ und der wieder hat die politische Vorbereitung für den 20. Juli gemacht; denn der Motor des 20. Juli war ja keineswegs Herr Goerdeler, der wahre Motor steckt in diesen jungen Männern!« Sperr wurde im ganzen freundlich behandelt.

Nun Reiser. Er wurde sehr freundlich behandelt. Er hat drei Besprechungen mit mir gehabt, und es wurde ihm vor allem zur Last gelegt, daß er nicht schon nach der ersten bemerkt hätte, daß ich ein Hochverräter und schwerer Defaitist sei, und dann noch zwei andere Besprechungen mit mir gehabt hätte. Ihm wurde vor allem der Vorwurf gemacht, nicht angezeigt zu haben.

Schließlich Fugger. Der machte einen sehr guten Eindruck. Er war eine Zeitlang elend gewesen und hatte sich nun wieder erholt, war bescheiden, sicher, hat keinen von uns belastet, sprach nett bayrisch und hat mir noch nie so gut gefallen wie gestern; ganz ohne Nerven, während er hier immer schreckliche Angst gehabt hatte. Er gab sofort zu, daß nach dem, was ihm heute gesagt worden sei, ihm klar sei, daß er hätte anzeigen müssen, und er wurde so gnädig entlassen, daß ich gestern abend dachte, er würde freigesprochen werden.

Hingegen war auch in den anderen Vernehmungen der

Name Moltke immerzu zu hören. Wie ein roter Faden zog sich das durch alles durch, und nach den oben angeführten »Richtsätzen« des Volksgerichtshofes war ja klar, daß ich umgebracht werden sollte.
Die ganze Verhandlung wird durch das Mikrophon auf Stahlbänder für das Archiv aufgenommen. Du wirst sie Dir also, solltest Du Lust dazu haben, später einmal vorspielen lassen können. Man tritt vor den Tisch, die beiden Polizisten mit, die sich rechts und links auf die beiden Stühle setzen. Für Reisert und mich wurde sofort, ohne daß wir fragten, ein Stuhl bereit gestellt. Schulze, Freisler und Berichterstatter in roten Roben. Typisch nur ein Vorfall, aus irgendeinem Grunde wurde ein Strafgesetzbuch gebraucht, weil Freisler was daraus vorlesen wollte. Es stellte sich aber heraus, daß keines aufzufinden war.
Nun kommt der zweite Tag. Da fing es mit mir an. Im wilden Ton ging es los, sehr schnell, sozusagen rapid. Gott sei dank, daß ich flink bin und Freislers Tempo spielend mitmachte; das machte übrigens sichtlich uns beiden Freude. Aber wenn er das bei einem Manne exerziert, der nicht ganz so schnell ist, so ist der verurteilt, ehe er bemerkt hat, daß Freisler die Personalien hinter sich gelassen hat ... Bis einschließlich der Besprechung mit Goerdeler und meiner Stellung dazu durchaus glatt und ohne viel Aufhebens. Dann kam mein Einwand, Polizei und Abwehr hätten davon gewußt. Da bekam Freisler Tobsuchtsanfall Nr. 1. Alles, was Delp zuvor erlebt hatte, war einfach nur Spielerei dagegen. Ein Orkan brach los: er hieb auf den Tisch, lief so rot an wie seine Robe und tobte: »So etwas verbitte ich mir, so etwas höre ich mir gar nicht an.« Und so ging das immerfort. Da ich ohnehin wußte, was rauskam, war mir das alles gleich; ich sah ihm eisig in die Augen, was er offenbar nicht schätzte,

und plötzlich konnte ich nicht umhin zu lächeln. Das ging nun zu den Beisitzern, die links und rechts von Freisler saßen, und zu Schulze. Den Blick von Schulze hättest Du sehen müssen. Ich glaube, wenn ein Mensch von der Brücke über den Krokodilteich im Zoo herunterspringt, so kann der Aufruhr nicht größer sein. Na schön, damit war das Thema erschöpft.
Nun kam aber Kreisau. Und da hielt er sich nicht lange bei den Präliminarien auf, sondern steuerte schnurstracks auf zwei Dinge los: a) Defaitismus, b) das Aussuchen von Landesverwesern. Über beide neue Tobsuchtsanfälle gleicher Güte, und als ich mit der Verteidigung kam, das alles sei aus dienstlicher Wurzel hervorgegangen, dritter Tobsuchtsanfall; »alle Behörden Adolf Hitlers arbeiten auf der Grundlage des Sieges, und das ist im OKW nicht anders wie woanders. So etwas höre ich mir gar nicht an, und selbst wenn es nicht so wäre, so hat eben jeder einzelne Mann die Pflicht, selbständig den Siegesglauben zu verbreiten.« Und so in langen Tiraden.
Nun kam aber die Quintessenz: »Wer war denn da? Ein Jesuitenpater! Ausgerechnet ein Jesuitenpater! Ein protestantischer Geistlicher, 3 Leute, die später wegen Beteiligung am 20. Juli zum Tode verurteilt worden sind! Und kein einziger Nationalsozialist! Kein einziger! Und da will ich doch nur sagen: nun ist aber das Feigenblatt ab! Ein Jesuitenpater, und ausgerechnet mit dem besprechen Sie die Fragen des zivilen Widerstandes! Und den Jesuitenprovinzial, den kennen Sie auch! Und der war auch einmal in Kreisau! Ein Jesuitenprovinzial, einer der höchsten Beamten von Deutschlands gefährlichsten Feinden, der besuchte den Grafen Moltke in Kreisau! Und da schämen Sie sich nicht. Kein Deutscher kann doch einen Jesuiten auch nur

mit der Feuerzange anfassen! Leute, die wegen ihrer Haltung von der Ausübung des Wehrdienstes ausgeschlossen sind! Wenn ich weiß, in einer Stadt ist ein Jesuitenprovinzial, so ist das für mich fast ein Grund, gar nicht in diese Stadt zu gehen! - Und der andere Geistliche! was hat der dort zu suchen? Die sollen sich ums Jenseits kümmern, aber uns hier in Ruhe lassen. - Und Bischöfe besuchen Sie! Was haben Sie bei einem Bischof, bei irgendeinem Bischof verloren? Wo ist Ihre Befehlsstelle? Ihre Befehlsstelle ist der Führer und die NSDAP! Für Sie so gut, wie für jeden anderen Deutschen, und wer seine Befehle in noch so getarnter Form bei den Hütern des Jenseits holt, der holt sie sich beim Feind und wird so behandelt werden!« Und so ging das weiter. Aber das war in einer Tonart, der gegenüber die früheren Tobsuchtsanfälle noch wie das sanfte Säuseln eines Windes waren.

Ergebnis der Vernehmung »gegen mich« - denn zu sagen »meine Vernehmung« wäre Quatsch -: ganz Kreisau und jede dazu gehörige Teilunterhaltung ist Vorbereitung zum Hochverrat.

Ja, richtig, das muß ich noch sagen: nach diesem Höhepunkt ging es in 5 Minuten zum Schluß: die Unterredungen in Fulda und München, das alles kam überhaupt nicht mehr dran, sondern Freisler meinte, das können wir uns wohl schenken und fragte: »Haben Sie noch etwas zu sagen?« worauf ich nach einigem Zögern, leider, erwiderte: »Nein«, und damit war ich fertig.

Nun geht es in der Zusammenfassung weiter; wenn die anderen Leute, deren Namen vorgekommen sind - übrigens nicht in der Verhandlung, denn nachdem die Sache so lief, haben wir uns alle gehütet, auch nur noch einen Namen zu nennen - noch nicht verhaftet sind, so vielleicht als quantité

négligeable. Werden sie aber verhaftet und haben sie irgendeine Kenntnis gehabt, die über die rein gesellschaftliche Unterhaltung über solche Fragen hinausgeht, oder die diese Fragen in Zusammenhang mit einer möglichen Niederlage bringen, so müssen sie mit Todesstrafe rechnen . . .
Letzten Endes entspricht diese Zuspitzung auf das kirchliche Gebiet dem inneren Sachverhalt und zeigt, daß Freisler eben doch ein guter politischer Richter ist. Das hat den ungeheuren Vorteil, daß wir nun für etwas umgebracht werden, was wir a) getan haben und b) sich lohnt. Aber, daß ich als Märtyrer für den heiligen Ignatius von Loyola sterbe – und darauf kommt es letztlich hinaus, denn alles andere war daneben nebensächlich – ist wahrscheinlich ein Witz, und ich zittere schon vor dem väterlichen Zorn von Papi, der doch so antikatholisch war. Das andere wird er billigen, aber das? Auch Mami wird wohl nicht ganz einverstanden sein. (Eben fällt mir noch etwas zum Tatbestand ein. Mich fragte er: »Sehen Sie ein, daß Sie schuldig sind?« Ich sagte im wesentlichen Nein. Darauf Freisler: »Sehen Sie, wenn Sie immer noch nicht erkennen, wenn Sie immer noch darüber belehrt werden müssen, dann zeigt das eben, daß Sie anders denken und damit sich selbst aus der kämpfenden Volksgemeinschaft ausgeschlossen haben.«)
Das Schönste an dem so aufgenommenen Urteil ist folgendes: wir haben keine Gewalt anwenden wollen – ist festgestellt; wir haben keinen einzigen organisatorischen Schritt unternommen, mit keinem einzigen Mann über die Frage gesprochen, ob er einen Posten übernehmen wolle – ist festgestellt; in der Anklage stand es anders. Wir haben nur gedacht und zwar eigentlich nur Delp, Gerstenmaier und ich, die anderen galten als Mitläufer und Peter und Adam als Verbindungsleute zu Schulenburg usw. Und vor den Ge-

danken dieser drei einsamen Männer, den bloßen Gedanken, hat der Nationalsozialismus eine solche Angst, daß er alles, was damit infiziert ist, ausrotten will. Wenn das nicht ein Kompliment ist! Wir sind nach dieser Verhandlung aus dem Goerdeler-Mist raus, wir sind aus jeder praktischen Handlung raus, wir werden gehenkt, weil wir zusammen gedacht haben. Freisler hat recht, tausendmal recht, und wenn wir schon umkommen müssen, dann bin ich allerdings dafür, daß wir über dieses Thema fallen.

Ich finde, und nun komme ich zum Praktischen, daß diese Sache richtig aufgemacht, sogar noch ein wenig besser ist, als der berühmte Fall Huber. Denn es ist noch weniger geschehen. Es ist ja nicht einmal ein Flugblatt hergestellt worden. Es sind eben nur Gedanken ohne auch nur die Absicht der Gewalt. Die Schutzbehauptungen, die wir alle aufgestellt haben: Polizei weiß, dienstliche Ursache, Eugen hat nichts kapiert, Delp ist immer gerade nicht dabei gewesen, die muß man streichen, wie auch Freisler mit Recht gestrichen hat. Und dann bleibt übrig ein einziger Gedanke: wodurch kann im Chaos das Christentum ein Rettungsanker sein? Dieser einzige Gedanke fordert morgen wahrscheinlich 5 Köpfe, später noch die von Steltzer, Haubach und wohl auch Husen. Aber dadurch, daß in der Verhandlung das Trio eben Delp, Eugen, Moltke heißt und der Rest nur durch »Ansteckung« dies trägt, dadurch daß keiner dabei ist, der etwas anderes vertrat – keiner, der zu den Arbeitern gehörte, keiner, der irgendein weltliches Interesse betreute –, dadurch, daß festgestellt ist, daß ich großgrundbesitzfeindlich war, keine Standesinteressen, überhaupt keine eigenen Interessen, ja nicht einmal die meines Landes vertrat, sondern menschheitliche, dadurch hat Freisler uns unbewußt einen ganz großen Dienst getan, sofern es gelingt,

diese Geschichte zu verbreiten und auszunützen. Und zwar m. E. im Inland und draußen. Durch diese Personalzusammenstellung ist dokumentiert, daß nicht Pläne, nicht Vorbereitungen, sondern der Geist als solcher verfolgt werden soll. Vivat Freisler!
Das auszunutzen ist nicht Deine Aufgabe. Da wir vor allem für den heiligen Ignatius sterben, sollen seine Jünger sich darum kümmern. Aber Du mußt ihnen diese Geschichte liefern, und wen sie von Wurms Leuten zuziehen, ist gleich, am besten wahrscheinlich Pressel. Ich werde das morgen noch mit Pölchau besprechen. Kommt es raus, daß Du diesen Brief empfangen und weitergegeben hast, so wirst Du auch umgebracht. Tattenbach muß das klar auf sich nehmen und im Notfall sagen, er habe es von Delp mit der letzten Wäsche bekommen. Gib dies Exemplar nicht aus der Hand, sondern nur eine Abschrift und bei der muß sofort so übersetzt werden, daß es von Delp stammen kann, also bei ihm in der Ich-Form.
So das ist dieser Teil, der Rest kommt gesondert.

Tegel, den 10. Januar 1945

Mein liebes Herz, zunächst muß ich sagen, daß ganz offenbar die letzten 24 Stunden eines Lebens gar nicht anders sind als irgendwelche anderen. Ich hatte mir immer eingebildet, man fühle das nur als Schreck, daß man sich sagt: nun geht die Sonne das letztemal für Dich unter, nun geht die Uhr nur noch zweimal bis zwölf, nun gehst Du das letzte Mal zu Bett. Von all dem ist keine Rede. Ob ich wohl ein wenig überkandidelt bin? Denn ich kann nicht leugnen, daß ich mich in geradezu gehobener Stimmung befinde. Ich bitte nur den Herrn im Himmel, daß Er mich darin erhalten möge, denn für das Fleisch ist es sicher leichter, so zu sterben. Wie gnädig ist der Herr mit mir gewesen! Selbst auf die Gefahr hin, daß das hysterisch klingt: ich bin so voll Dank, eigentlich ist für nichts anderes Platz. Er hat mich die zwei Tage so fest und klar geführt: der ganze Saal hätte brüllen können wie der Herr Freisler, und sämtliche Wände hätten wackeln können, und es hätte mir gar nichts gemacht; es war wahrlich so, wie es in Jesaja 43,2 heißt: Denn so du durch Wasser gehst, will ich bei dir sein, daß dich die Ströme nicht sollen ersäufen; und so du ins Feuer gehst, sollst du nicht brennen, und die Flamme soll dich nicht versengen. – Nämlich Deine Seele. Mir war, als ich zum Schlußwort aufgerufen wurde, so zumute, daß ich beinahe gesagt hätte: Ich habe nur eines zu meiner Verteidigung anzuführen: nehmen sie den Leib, Gut, Ehr, Kind und Weib, laß fahren dahin, sie haben's kein Gewinn, das Reich muß uns doch bleiben. Aber das hätte doch die anderen nur belastet; so sagte ich nur: Ich habe nicht die Absicht etwas zu sagen, Herr Präsident.

Es ist nun noch ein schweres Stück Weges vor mir, und ich kann nur bitten, daß der Herr mir weiter so gnädig ist, wie er war. Für heute abend hatte Eugen uns aufgeschrieben Lukas 5,1–11. Er hatte es anders gemeint; aber es bleibt wahr, daß dies für mich ein Tag eines großen Fischzuges war, und daß ich heute abend mit Recht sagen kann: »Herr, gehe von mir hinaus. Ich bin ein sündiger Mensch.« Und was haben wir, meine Liebe, gestern Schönes gelesen: »Wir haben aber solchen Schatz in irdenen Gefäßen, auf daß die überschwengliche Kraft sei Gottes und nicht von uns. Wir haben allenthalben Trübsal, aber wir ängstigen uns nicht. Uns ist bange, aber wir verzagen nicht. Wir leiden Verfolgung, aber

wir werden nicht verlassen. Wir werden unterdrückt, aber wir kommen nicht um. Und tragen allezeit das Sterben des Herrn Jesu an unserem Leibe, auf daß auch das Leben des Herrn Jesu an unserem Leibe offenbar werde.« Dank, mein Herz, vor allem dem Herren, Dank mein Herz, Dir für Deine Fürbitte, Dank allen anderen, die für uns und für mich gebeten haben. Dein Mann, Dein schwacher, feiger, »komplizierter«, sehr durchschnittlicher Mann, der hat das erleben dürfen. Wenn ich jetzt gerettet werden würde – was ja bei Gott nicht wahrscheinlicher oder unwahrscheinlicher ist als vor einer Woche –, so muß ich sagen, daß ich erst einmal mich wieder zurechtfinden müßte, so ungeheuer war die Demonstration von Gottes Gegenwart und Allmacht. Er vermag sie eben auch zu demonstrieren, und zwar ganz unmißverständlich zu demonstrieren, wenn er genau das tut, was einem nicht paßt. Alles andere ist Quatsch.
Darum kann ich nur eines sagen, mein liebes Herz: möge Gott Dir so gnädig sein wie mir, dann macht selbst der tote Ehemann gar nichts. Seine Allmacht vermag er eben auch zu demonstrieren, wenn Du Eierkuchen für die Söhnchen machst oder Puschti beseitigst, obwohl es das hoffentlich nicht mehr gibt. Ich sollte wohl von Dir Abschied nehmen – ich vermag's nicht; ich sollte wohl Deinen Alltag bedauern und betrauern – ich vermag's nicht. Ich sollte wohl der Lasten gedenken, die jetzt auf Dich fallen – ich vermag's nicht. Ich kann Dir nur eines sagen: wenn Du das Gefühl absoluter Geborgenheit erhältst, wenn der Herr es Dir schenkt, was Du ohne diese Zeit und ihren Abschluß nicht hättest, so hinterlasse ich Dir einen nichtkonfiszierbaren Schatz, demgegenüber selbst mein Leben nicht wiegt. Diese Römer, diese armseligen Kreaturen von Schulze und Freisler und wie das Pack alles heißen mag: nicht einmal begrei-

fen würden sie, wie wenig sie nehmen können! Ich schreibe morgen weiter, aber da man nie weiß, was geschieht, will ich in dem Brief jedenfalls jedes Thema berührt haben. Ich weiß natürlich nicht, ob ich nun morgen hingerichtet werde. Es mag sein, daß ich noch vernommen, verprügelt oder aufgespeichert werde. Kratze bitte an den Türen; denn vielleicht hält sie das doch von zu argen Prügeln ab. Wenn ich auch nach der heutigen Erfahrung weiß, daß Gott auch diese Prügel zu nichts machen kann, selbst wenn ich keinen heilen Knochen am Leibe behalte, ehe ich gehenkt werde, wenn ich also im Augenblick keine Angst davor habe, so möchte ich das lieber vermeiden. So, gute Nacht, sei getrost und unverzagt.

11. Januar 1945

Meine Liebe, ich habe nur Lust, mich ein wenig mit Dir zu unterhalten. Zu sagen habe ich eigentlich nichts. Die materiellen Konsequenzen haben wir eingehend erörtert. Du wirst Dich da schon irgendwie durchwinden, und setzt sich ein anderer nach Kreisau, so wirst Du das auch meistern. Laß Dich nur von nichts anfechten. Das lohnt sich wahrhaftig nicht. Ich bin unbedingt dafür, daß Ihr sorgt, daß die Russen meinen Tod erfahren. Vielleicht ermöglicht Dir das in Kreisau zu bleiben. Das Rumziehen in dem Rest-Deutschland ist auf alle Fälle gräßlich. Bleibt das Dritte Reich über Erwarten doch, was ich mir in meinen kühnsten Phantasien nicht vorstellen kann, so mußt Du sehen, wie Du die Söhnchen dem Gift entziehst. Ich habe natürlich nichts dagegen, wenn Du dann auch Deutschland verläßt. Tu, was Du für richtig hältst und meine nicht, Du seiest so oder so durch

irgendeinen Wunsch von mir gebunden. Ich habe Dir immer wieder gesagt: die tote Hand kann nicht regieren ...
Ich denke mit ungetrübter Freude an Dich und die Söhnchen, an Kreisau und all die Menschen da: der Abschied fällt mir im Augenblick gar nicht schwer. Vielleicht kommt das noch. Aber im Augenblick ist es mir keine Mühe. Mir ist ganz und gar nicht nach Abschied zumute. Woher das kommt, weiß ich nicht. Aber es ist nicht ein Anflug von dem, was mich nach Deinem ersten Besuch im Oktober, nein, November war es wohl, so stark überfiel. Jetzt sagt mein Inneres: a) Gott kann mich heute genau so dahin zurückführen wie gestern, und b) und wenn er mich zu sich ruft, so nehme ich es mit. Ich habe gar nicht das Gefühl, was mich manchmal überkam: ach, nur noch einmal möchte ich das alles sehen. Dabei fühle ich mich gar nicht »jenseitig«. Du siehst ja, daß ich mich lieb mit Dir unterhalte statt mich dem lieben Gott zuzuwenden. In einem Liede - 208,4 - heißt es: »Denn der ist zum Sterben fertig, der sich lebend zu Dir hält.« Genau so fühle ich mich. Ich muß, da ich heute lebe, mich eben lebend zu ihm halten; mehr will er gar nicht. Ist das pharisäisch? Ich weiß es nicht. Ich glaube aber zu wissen, daß ich nun in seiner Gnade und Vergebung lebe und nichts von mir habe oder von mir vermag.
Ich schwätze, mein Herz, wie es mir in den Sinn kommt; darum kommt jetzt etwas ganz anderes. Das Dramatische an der Verhandlung war letzten Endes folgendes: in der Verhandlung erwiesen sich alle konkreten Vorwürfe als unhaltbar, und sie wurden auch fallengelassen. Nichts davon blieb. Sondern das, wovor das Dritte Reich solche Angst hat, daß es fünf, nachher werden es sieben Leute werden, zu Tode bringen muß, ist letzten Endes nur folgendes: ein Privatmann, nämlich Dein Mann, von dem feststeht, daß er mit

zwei Geistlichen beider Konfessionen, mit einem Jesuitenprovinzial und mit einigen Bischöfen, ohne die Absicht, irgend etwas Konkretes zu tun, und das ist festgestellt, Dinge besprochen hat, »die zur ausschließlichen Zuständigkeit des Führers gehören«. Besprochen war: nicht etwa Organisationsfragen, nicht etwa Reichsaufbau – das alles ist im Laufe der Verhandlung weggefallen, und Schulze hat es in seinem Plädoyer auch ausdrücklich gesagt (»unterscheidet sich völlig von allen sonstigen Fällen, da in der Erörterung von keiner Gewalt und keiner Organisation die Rede war«), sondern besprochen wurden Fragen der praktisch-ethischen Forderungen des Christentums. Nichts weiter; dafür allein werden wir verurteilt. Freisler sagte zu mir in einer seiner Tiraden: »Nur in einem sind das Christentum und wir gleich: wir fordern den ganzen Menschen!« Ich weiß nicht, ob die Umsitzenden das alles mitbekommen haben, denn es war eine Art Dialog – ein geistiger zwischen F. und mir, denn Worte konnte ich nicht viele machen –, bei dem wir uns durch und durch erkannten. Von der ganzen Bande hat nur Freisler mich erkannt, und von der ganzen Bande ist er auch der einzige, der weiß, weswegen er mich umbringen muß. Da war nichts von »komplizierter Mensch« oder »komplizierte Gedanken« oder »Ideologie«, sondern: »Das Feigenblatt ist ab.« Aber nur für Herrn Freisler. Wir haben sozusagen im luftleeren Raum miteinander gesprochen. Er hat bei mir keinen einzigen Witz auf meine Kosten gemacht, wie noch bei Delp und bei Eugen. Nein, hier war es blutiger Ernst: »Von wem nehmen Sie Ihre Befehle? Vom Jenseits oder von Adolf Hitler!« »Wem gilt Ihre Treue und Ihr Glaube?« Alles rhetorische Fragen natürlich – . . .
Mein Herz, eben kommt Dein sehr lieber Brief. Der erste Brief, mein Herz, in dem Du meine Stimmung und meine

Lage nicht begriffen hast. Nein, ich beschäftige mich gar nicht mit dem lieben Gott oder meinem Tod. Er hat die unaussprechliche Gnade, zu mir zu kommen und sich mit mir zu beschäftigen. Ist das hoffärtig? Vielleicht. Aber er wird mir noch so vieles vergeben heute abend, daß ich ihn schließlich um diese letzte Hoffart auch noch um Vergebung bitten darf. Aber ich hoffe ja, daß es nicht hoffärtig ist, denn ich rühme ja nicht das irdene Gefäß, nein, ich rühme den köstlichen Schatz, der sich dieses irdenen Gefäßes, dieser ganz unwürdigen Behausung bedient hat. Nein, mein Herz, ich lese genau die Stellen der Bibel, die ich heute auch gelesen hätte, wenn keine Verhandlung gewesen wäre, nämlich Josua 19–21, Hiob 10–12, Hesekiel 34–36, Markus 13–15 und unseren zweiten Korintherbrief zu Ende, außerdem die kleinen Stellen, die ich auf den Zettel für Dich geschrieben habe. Bisher habe ich nur den Josua und unsere Korintherbriefstellen gelesen, die mit dem schönen, so vertrauten, von Kind auf gehörten Satz schließt: »Die Gnade unseres Herrn Jesu Christi und die Liebe Gottes und die Gemeinschaft des Heiligen Geistes sei mit Euch Allen. Amen.« Ich habe das Gefühl, mein Herz, als wäre ich autorisiert, Dir und den Söhnchen das mit absoluter Autorität zu sagen. Darf ich da nicht den 118. Psalm, der heute morgen dran war, mit vollem Recht lesen? Eugen hat ihn sich zwar für eine andere Lage gedacht, aber er ist viel wahrer geworden als wir es je für möglich hielten.
Mein Herz, darum bekommst Du auch Deinen Brief trotz Deiner Bitte zurück. Ich trage Dich mit hinüber und brauche dafür kein Zeichen, kein Symbol, nichts. Es ist nicht einmal so, daß mir verheißen wäre, ich würde Dich nicht verlieren; nein, es ist viel mehr: ich weiß es.
... Der entscheidende Satz jener Verhandlung war: »Herr

Graf, eines haben das Christentum und wir Nationalsozialisten gemeinsam, und nur dies eine: wir verlangen den ganzen Menschen.« Ob er sich klar war, was er damit gesagt hat? Denk mal, wie wunderbar Gott dies sein unwürdiges Gefäß bereitet hat: in dem Augenblick, in dem die Gefahr bestand, daß ich in aktive Putschvorbereitung hineingezogen wurde – Stauffenberg kam am Abend des 19. zu Peter –, wurde ich rausgenommen, damit ich frei von jedem Zusammenhang mit der Gewaltanwendung bin und bleibe. – Dann hat er in mich jenen sozialistischen Zug gepflanzt, der mich als Großgrundbesitzer von allem Verdacht einer Interessenvertretung befreit. – Dann hat er mich so gedemütigt, wie ich noch nie gedemütigt worden bin, so daß ich allen Stolz verlieren muß, so daß ich meine Sündhaftigkeit endlich nach 38 Jahren verstehe, so daß ich um seine Vergebung bitten, mich seiner Gnade anvertrauen lerne. – Dann läßt er mich hierhin kommen, damit ich Dich gefestigt sehe und frei von Gedanken an Dich und die Söhnchen werde, d.h. von sorgenden Gedanken; er gibt mir die Zeit und Gelegenheit, alles zu ordnen, was geordnet werden kann, so daß alle irdischen Gedanken abfallen können. – Dann läßt er mich in unerhörter Tiefe den Abschiedsschmerz und die Todesfurcht und die Höllenangst erleben, damit auch das vorüber ist. – Dann stattet er mich mit Glaube, Hoffnung und Liebe aus, mit einem Reichtum an diesen Dingen, der wahrlich überschwenglich ist. – Dann läßt er mich mit Eugen und Delp sprechen und klären. – Dann läßt er Rösch und König entlaufen, so daß es zu einem Jesuitenprozeß nicht reicht und im letzten Augenblick Delp an uns angehängt wird. – Dann läßt er Haubach und Steltzer, deren Fälle fremde Materie hereingebracht hätten, abtrennen und stellt schließlich praktisch Eugen, Delp und mich allein zusammen und dann gibt

er Eugen und Delp durch die Hoffnung, die menschliche Hoffnung, die sie haben, jene Schwäche, die dazu führt, daß ihre Fälle nur sekundär sind, und daß dadurch das Konfessionelle weggenommen wird, und dann wird Dein Mann ausersehen, als Protestant vor allem wegen seiner Freundschaft mit Katholiken attackiert und verurteilt zu werden, und dadurch steht er vor Freisler nicht als Protestant, nicht als Großgrundbesitzer, nicht als Adliger, nicht als Preuße, nicht als Deutscher – das alles ist ausdrücklich in der Hauptverhandlung ausgeschlossen, so z. B. Sperr: »Ich dachte, was für ein erstaunlicher Preuße« –, sondern als Christ und als gar nichts anderes. »Das Feigenblatt ist ab«, sagt Herr Freisler. Ja, jede Kategorie ist abgestrichen – »ein Mann, der von seinen Standesgenossen natürlich abgelehnt werden muß«, sagt Schulze. Zu welch einer gewaltigen Aufgabe ist Dein Mann ausersehen gewesen: all die viele Arbeit, die der Herrgott mit ihm gehabt hat, die unendlichen Umwege, die verschrobenen Zickzackkurven, die finden plötzlich in einer Stunde am 10. Januar 1945 ihre Erklärung. Alles bekommt nachträglich einen Sinn, der verborgen war. Mami und Papi, die Geschwister, die Söhnchen, Kreisau und seine Nöte, die Arbeitslager und das Nichtflaggen und nicht der Partei oder ihren Gliederungen angehören, Curtis und die englischen Reisen, Adam und Peter und Carlo, das alles ist endlich verständlich geworden durch eine einzige Stunde. Für diese eine Stunde hat der Herr sich all diese Mühe gegeben.
Und nun, mein Herz, komme ich zu Dir. Ich habe Dich nirgends aufgezählt, weil Du, mein Herz, an einer ganz anderen Stelle stehst als alle die anderen. Du bist nämlich nicht ein Mittel Gottes, um mich zu dem zu machen, der ich bin, Du bist vielmehr ich selbst. Du bist mein 13. Kapitel des ersten Korintherbriefes. Ohne dieses Kapitel ist kein Mensch

ein Mensch. Ohne Dich hätte ich mir Liebe schenken lassen, ich habe sie z. B. von Mami angenommen, dankbar, glücklich, dankbar wie man ist für die Sonne, die einen wärmt. Aber ohne Dich, mein Herz, hätte ich »der Liebe nicht«. Ich sage gar nicht, daß ich Dich liebe; das ist gar nicht richtig. Du bist vielmehr jener Teil von mir, der mir alleine eben fehlen würde. Es ist gut, daß mir das fehlt; denn hätte ich das, so wie Du es hast, diese größte aller Gaben, so hätte ich dem Leiden, das ich ja sehen mußte, nicht so zuschauen können und vieles andere. Nur wir zusammen sind ein Mensch. Wir sind, was ich vor einigen Tagen symbolisch schrieb, ein Schöpfungsgedanke. Das ist wahr, buchstäblich wahr. Darum, mein Herz, bin ich auch gewiß, daß Du mich auf dieser Erde nicht verlieren wirst, keinen Augenblick. Und diese Tatsache, die haben wir schließlich auch noch durch unser gemeinsames Abendmahl, das nun mein letztes war, symbolisieren dürfen.

Ich habe ein wenig geweint, eben, nicht traurig, nicht wehmütig, nicht weil ich zurück möchte, nein, sondern vor Dankbarkeit und Erschütterung über diese Dokumentation Gottes. Uns ist es nicht gegeben, ihn von Angesicht zu Angesicht zu sehen, aber wir müssen sehr erschüttert sein, wenn wir plötzlich erkennen, daß er ein ganzes Leben hindurch am Tage als Wolke und bei Nacht als Feuersäule vor uns hergezogen ist, und daß er uns erlaubt, das plötzlich in einem Augenblick zu sehen. Nun kann nichts mehr geschehen ...

Mein Herz, mein Leben ist vollendet, und ich kann von mir sagen: er starb alt und lebenssatt. Das ändert nichts daran, daß ich gerne noch etwas leben möchte, daß ich Dich gerne noch ein Stück auf dieser Erde begleitete. Aber dann bedürfte es eines neuen Auftrages Gottes. Der Auftrag, für den Gott mich gemacht hat, ist erfüllt. Will er mir noch einen neuen Auftrag geben, so werden wir es erfahren. Darum strenge Dich ruhig an, mein Leben zu retten, falls ich den heutigen Tag überleben sollte. Vielleicht gibt es noch einen Auftrag.

Ich höre auf, denn es ist nichts weiter zu sagen. Ich habe auch niemanden genannt, den Du grüßen und umarmen sollst. Du weißt selbst, wem meine Aufträge für Dich gelten. Alle unsere lieben Sprüche sind in meinem Herzen und in Deinem Herzen. Ich aber sage Dir zum Schluß, kraft des Schatzes, der aus mir gesprochen hat, und der dieses bescheidene irdene Gefäß erfüllt:

> Die Gnade unseres Herrn Jesu Christi und
> die Liebe Gottes und die Gemeinschaft des
> Heiligen Geistes sei mit Euch allen. Amen.

## CESARE PAVESE

Geboren am 9. 9. 1908 in San Stefano Belbo (Cuneo), Freitod am 27. 8. 1950 in Turin, »seiner« Stadt, die Schauplatz vieler seiner Romane und Erzählungen ist. Mit einer Überdosis Schlaftabletten brachte der italienische Erzähler, Dichter und Übersetzer sein Leben in einem Hotelzimmer zu Ende. Auf dem Frontispiz der »Gespräche mit Leuko«, die auf dem Nachttisch neben seinem Bett gefunden wurden, stand: »Ich vergebe allen und bitte alle um Vergebung. Recht so? Tratscht nicht so viel darüber.«

*An Davide Lajolo, Vinchio d'asti*

Turin, den 25. August, abends (1950)

Da man über meine Liebschaften von den Alpen bis zum Kap Passero redet, will ich Dir nur sagen, daß ich, wie Cortés, die Schiffe hinter mir verbrannt habe. Ich weiß nicht, ob ich den Schatz des Montezuma finden werde, aber ich weiß, daß auf der Hochebene von Tenochtitlán Menschenopfer dargebracht werden. Seit vielen Jahren dachte ich nicht mehr an diese Dinge, ich schrieb. Jetzt werde ich nicht mehr schreiben. Mit dem aus den Langhe ererbten Starrsinn und stoischen Willen werde ich meine Reise ins Totenreich antreten. Wenn Du wissen willst, wer ich jetzt bin, so lies *Das Wildtier* in den *Gesprächen mit Leuko* nach: wie stets, hatte ich alles bereits fünf Jahre früher geahnt. Ich bin Dir dankbar, wenn Du über diese Geschichte sowenig wie möglich mit »Leuten« redest. Aber werde ich es noch sein können? Du wirst wissen, was Du zu tun hast.
Ciao auf immer,

Dein Cesare

## CHE GUEVARA

Ernesto Guevara de la Serna

Geboren am 14. 6. 1928 in Rosario (Argentinien), erschossen am 8. 10. 1967 in Higuera (Bolivien). Arzt und Revolutionär. Aus einer Familie der Oligarchie. Nach beendetem Medizinstudium und Reisen durch Lateinamerika erster Kontakt mit kubanischen Revolutionären in San José (Costa Rica). Ein Jahr später, er war 26, wurde er Marxist. Kam 1956 mit Castros Partisanen nach Kuba. Nach dem Sieg der Revolution Präsident der Nationalbank, später Industrieminister. 1965 Bruch mit Fidel Castro, Rücktritt von allen Ämtern und Verzicht auf die kubanische Staatsangehörigkeit. Geheime Reise zu revolutionärem Kampf im Kongo. Rückkehr aus Afrika. Ende 1966 Ankunft in Bolivien. Guerillakampf, von der Bevölkerung kaum unterstützt. Verraten, gefangengenommen und erschossen.

### *An seine Kinder*

Liebe Hildita, Aleidita, Camilo, Celia und Ernesto,
Solltet Ihr einmal diesen Brief lesen müssen, dann deshalb, weil ich nicht mehr unter Euch bin.
Ihr werdet Euch kaum noch an mich erinnern, und die Kleinen werden sich gar nicht erinnern.
Euer Vater ist ein Mann, der so handelt, wie er denkt, und gewiß einer, der seinen Überzeugungen treu geblieben ist.
Werdet gute Revolutionäre. Lernt viel, um die Technik zu beherrschen, die es erlaubt, die Natur zu beherrschen ...
Seid immer fähig, bis ins tiefste jede Ungerechtigkeit zu empfinden, die irgendwo auf der Welt irgend jemandem angetan wird. Das ist die schönste Eigenschaft eines Revolutionärs.
Auf immer, Kinderchen; ich hoffe, Euch noch zu sehen.
Einen dicken Kuß und eine Umarmung von

Papa

## HEIKE SCHMIDT

An diesem Brief an ihre Mutter schrieb die Verfasserin ein ganzes Jahr. Sie hat ihn nicht abgeschickt. Er wurde statt dessen in einer Sammlung von Mütter- und Töchterbriefen veröffentlicht.

*An ihre Mutter* (1979–1980)

Für sie.
Der ich Gedanken schuldig bin. Sie, deren Gefühlswelt ich suchen und deren Denkspuren ich nachlaufen werde.
Meine tiefgrabenden Heilungsversuche. Sollen bewältigen: Eine Vergangenheit; die Gegenwart.
Liebe Mutter, für uns grabe ich.
Denn es muß möglich sein, daß wir die Liebe erfahren, die wir füreinander haben, immer noch – bei allen Zerstörungen, leichtgesagten Urteilen, Schuldzuweisungen.
Meine Hoffnungen. Weil ich weiß: in unseren Anklagen und der Verletzlichkeit gibt es doch immer wieder eine Aufeinander-zu-Bewegung. Eine von uns macht immer wieder einen Liebesrettungsversuch; wir haben doch berechtigte Ansprüche an uns; und Jede hat einen Anspruch auf die Andere. Unsere Angst, die Andere auf's Spiel zu setzen: deshalb haben wir Chancen.
Meine Verzweiflung. Weil ich weiß: Du hörst mich nicht, verstehst nichts, kein Wort, nicht meine Wärme für Dich. Überall siehst Du nur Böses, mißtrauisch ziehst Du Dich hinter ein Gesicht zurück: ganz Bekümmerung, ganz Traurigkeit. – Weil ich weiß, Du antwortest nicht.
Seit wir nicht mehr reden, nicht mehr über uns.
Warum grabe ich? Und warte? Wenn Du nichts wissen willst, jedenfalls nicht neugierig bist.

Warum besuchst Du mich nicht, hier, wo ich jetzt lebe? Zum Beispiel. Nicht ein einziges Mal warst Du da! Hast Du mir die Trennung immer noch nicht verziehen, nach dem Befreiungskrieg? Hast Du die Wunden immer noch nicht heilen lassen? Brauchst Du etwa das Gefühl, gequält zu sein und die Genugtuung, nachtragen zu können? Denkst Du denn überhaupt mal daran, daß auch Du mir etwas angetan hast?
Dich klage ich an, gerade Dich. Dir nur den leisesten Vorwurf zu machen, das erlaube ich mir ja schon seit Ewigkeiten nicht mehr - Ewigkeiten, die wir nicht mehr sprechen! Rücksichtsvolles Nachgeben. Vergangenheitsbezogene Erklärungen. Die Pflicht, Dich vor jedem Schrecken in Schutz zu nehmen. Kein unbedachter Satz, Dein krankes Innenleben braucht Ruhe und Erholung. Dich immer nur bewahren und Gutes an Dir tun: mein umfassendes schlechtes Gewissen. Du mußt sie schonen, damals . . ., du weißt, du hast ihr alles genommen im Kampf; ohne Waffen ist sie eine zerstörte Existenz.
Du, es ist aber nötig, daß ich Dir jetzt, jetzt wirklich alles sage. Meine Denkspuren führen zu Deinen.
Ich werde Dich nicht freisprechen, auch ich bin lebensgefährlich verletzt. Du sagst, *ich habe alles für mein Kind getan.* Ja. Aber nicht nur Gutes.
Wir müssen jetzt das Trauern unterlassen. Einstellungen reformieren. Die Anstrengung unternehmen, uns wieder kennen zu lernen, mit der Vergangenheit, die wir haben. Einander nicht mehr gebrauchen, nicht gebraucht werden wollen. Das Mutter-Kind-Gebaren aufgeben.
Wäre das nicht schon eine Revolution? Wie wäre das systemumwerfend! Das würde alles Bisherige sprengen, wenn ich Dir nicht mehr eine falsche Zerstörung ins Gesicht zu schrei-

ben brauchte und wenn Du, Ansprüche stellend und Forderungen ablehnend, für Dich ins Feld ziehen würdest. Denn Du kämpfst nicht für Dich. Ja, wenn Du das lernen würdest, entschieden *nein* zu sagen, Wünsche anzumelden; wenn Du es lernen würdest, entschlossen zu sein, wenn gerade Du einmal *nicht* Verzichthaltung einnehmen würdest. Wenn Du aus Deiner Frau-und-Mutter-Rolle einmal aussteigen könntest; wenn Andere durch Dich mal fassungslos würden, wenn nämlich Du für eine Überraschung sorgen würdest ... Aber das ist ja vorerst gar nicht zu erwarten, und dafür bist ja wiederum nicht nur Du verantwortlich, zum Beispiel auch jedes Deiner Kinder, Dein Mann. Jeder hält das tröstlich Gewohnte ängstlich aufrecht.

Noch bist Du ja ganz Frau und Mutter, willig und gehorsam, kompromißbereit wie tausend andere Frauen, noch ist kein Ausbruch zu befürchten; es ist noch alles problemlos, noch war kein ernsthaft entschlossener Unmut von Dir zu hören, nur manchmal, andeutungsweise, schüchterne Hinweise auf Unzufriedenheit, ein Gefühl des Zu-kurz-kommens, aber keins des Von-Andern-Verbrauchtwerdens.

Und wer sagt Dir denn, daß er Dich schätzt; Deine Arbeit, wer erkennt sie an als *Arbeit* im Sinne der *Arbeit* Deines Mannes? Etwa Du selber? Die Hausarbeit: eher eine Beschäftigung als eine Arbeit, meint man. Du mußt Dir ein bißchen Lob, das Du so unheimlich brauchst, abbetteln, zum Beispiel mittags: durch die immer gleiche Frage, ob das Essen denn auch gut sei oder eher etwas zu salzig. Wenn Dir Mann und Kinder beteuern, daß ihnen schmeckt, was Du gekocht hast, so kannst Du Dir ja nicht ein Wort zugute kommen lassen. Und doch legst Du es immer wieder auf ein Lob an. Vor allem auf das Deines Mannes, sein Lob ist das seltenste, deshalb das begehrteste. Er setzt Dich auf Sparflamme mit seinen Ermutigungen. So sind Deine wachsenden Bemühungen gesichert - was er braucht -, weil Du Dir immer nutz- und wertloser vorkommst; vor allem jetzt, wo die Kinder, bis auf das jüngste, sich selbständig gemacht haben, Dir damit zeigen, wie gut sie auch ohne Dich zurechtkommen. So werden Deine Anstrengungen immer aufwendiger.

Ich sage: Du kämpfst nicht. Du stehst einfach da in Deiner Verletzlichkeit, wenn ich wütend bin, hältst Dein Gesicht schutzlos zu mir hin. Wie sollte ich da eine Berechtigung finden, die es erlaubt, gegen Dich aufgebracht zu sein! Ich, zornig und kampfeslustig, muß Dich vor mir bewahren!

Wenn ich Dich aber doch angreife, verhalten, mit spitzen oder bösen Worten: wie schlecht es mir dann geht, weil ich Dir wehgetan habe, Dir, die sich nichts zuschulden kommen läßt, nur traurig ist, erschüttert über die Lieblosigkeit ihres Kindes.

Mutter, Schluß damit! Mach mich nicht zum Sündenbock! Laß mich nicht immer das Kämpfen für Dich mit erledigen. Du willst Dir Schuldlosigkeit bestätigen. Das ist *Dein* Kampfmittel. Damit machst Du mich krank. Mit meinem Schuldenberg schneide ich von Tag zu Tag schlechter vor Dir ab, vor Deiner Sanftmut. Deiner niemanden verletzenden Zurückhaltung.

Ich will mit Dir kämpfen, Du guter Mensch. Mit Dir kämpfen und Dich lieben.

Ich will es Dir erzählen, was wir uns angetan haben - damals. Wir wollen das nicht vergessen.

Ich habe den Krieg gegen Dich ausgerufen, als ich weg wollte von Dir. Ich habe mich mit Worten von Dir losgerissen; ich wußte, wo Du verletzlich warst: Du wolltest eine *gute Mutter* sein, alles möglich machen, damit sie es leichter

haben, die Kinder (Abitur und Studium, Klavierunterricht, Schwimm- und Tenniskurs). *Meine gute Mutter* war aber eine andere, nicht Deine. Ich habe Dir Deine Schwachstellen rücksichtslos aufgezeigt und gegen meine ständigen Anfechtungen wurdest Du nicht immun, sondern immer empfindlicher. Da, wo Du allerhöchste Ansprüche an Dich stelltest und wo Du ganz unbedingt gut sein wolltest, habe ich Dich angegriffen, wo Deine größte Kraftquelle war und Du Dir am ehesten etwas zugetraut hättest.
Wenn Du Dir ein Lob auch nicht zu eigen machen kannst, bei jeder Beanstandung wirst Du hellhörig.
Unsere Wortgefechte: Eine tägliche kleine Tragödie: Täglich den Mut verlieren. Hilflos kränken. Trostlos verlassen, verletzt.
Angriffs- und Verteidigungsstellung. Auch Du wurdest manchmal laut, immer häufiger gerieten wir ins Schreien, in ein An-, Über-, Mit- und Gegeneinanderschreien. Wir hatten einander soviel zu sagen und fühlten uns so wenig gehört, so wenig verstanden. Wir haben die Hilferufe nicht hören können, weil ja Jede selber rief, lauter als die Andere.
Und Du hast Dich verteidigt, mit Erklärungen, immer die gleichen - Deine schicksalhafte Kindheit -, Unverantwortlichkeitsbezeugungen, Opferhaltung.
Wenn mein Gefühlsausbruch vorbei war und ich wieder nach Dir sehen konnte, wie erschrocken war ich da: Du, vor mir sitzend, zusammengesunken, wortlos, weinend. Es gibt einen für Dich reservierten Gefühlsbereich. Ich habe Dich in den Arm genommen und geweint über diese Zurichtung. Wer bin ich, daß ich das fertigbringe?
Und wieder sprechen wir. Du sagst: Du kannst mir doch nichts vorwerfen, ich habe doch wirklich das getan, was ich tun konnte, was mir eben möglich war. Warum wirfst Du mir

das jetzt vor? Und ich weiß, daß Du recht hast, auch wenn Du Dir selbst nicht glaubst. Ich ergreife Partei für Dich und gegen mich. -

Warum richte ich meine Zornausbrüche nur immer gegen Dich, warum nicht gegen den Vater, wo er doch viel eher zu kritisieren wäre?

Du hast auch an dem leiden müssen, was für den Vater bestimmt war.

Meine Höhenangst. Seine Sphäre. Ich blieb unten, wo ich gehorsam war, den Widerstand verschwieg.

Ein paar Mal habe ich das Spiel gewagt, seine Worte nicht unwidersprochen stehen lassen, eine Kritik vorgebracht; schüchterne Versuche, ihn zu entthronen. Er hatte kein Recht auf eine Vormachtstellung, die er pausenlos beanspruchte und mit Drohen und Strafen verteidigte; ich wollte ihn stürzen - wahnwitzig. Er schlug zu, wenn ich *frech* wurde; er schrie zuerst, wie um mich vorzuwarnen, diese tiefe, laute Baßstimme, die mir eine solche Angst machte, vor allem, weil sie so unberechenbar sofort ganz laut wurde. Lange Zeit beherrschte er sich sichtlich, plötzlich hatte der Vater einen ganz starren Blick, lehnte sich vor, mit drohendem Zeigefinger, und gebrauchte seine furchtbare Stimme. Ich hatte immer das Gefühl, jetzt hätte er keine Kontrolle mehr über sich, manchmal die Vorstellung, er brächte es fertig, mich auch totzuschlagen.

Die Mutter versucht ihn festzuhalten, das macht ihn auch böse auf sie.

Zwischen Mann und Kindern immer Du. Beschwichtigungen. Vermittlung. Für jeden Schlechtwettereinfall fühlst Du Dich verantwortlich. Du willst sie alle verstehen - und verstehst nicht Einen: Mich, die bis zwölf Uhr auf eine Party gehen will, ihn, den Vater, der sagt, ich sei zu jung für die

Zeit. Jedem legst Du Gründe des Anderen dar, Jeden flehst Du an, doch einzulenken. Ich solle doch ein bißchen Rücksicht nehmen, ein kleines bißchen Entgegenkommen zeigen, und ein Streit führe doch zu nichts; ach Vati, laß' sie doch, sie wird ja nach Hause gebracht.
Aussichtslos, es ging ja um anderes, das hast Du nicht gesehen, daß es ein Machtkampf war zwischen ihm und mir, eine hochpolitisch und gar nicht private Angelegenheit: er mit seinen Geboten eine gefährdete Großmacht, ich mit meinen Entziehungsplänen eine rebellierende aufstrebende Minderheit.
Ich glaube, Du weißt heute noch nicht, wie sehr Du ein nie aussichtsloses Dilemma verschlimmert hast mit Deiner unverlangten Friedensmission. Deinem frau-und-mutterhaften Einspringen.
Du hast verdient an Deinem seelsorgerischen Engagement. Jeder ging zu Dir, wenn er Schwierigkeiten hatte, das kam ja täglich vor unter den Kindern. Du stelltest Dich jederzeit als Untersuchungs- und Strafrichterin zur Verfügung, Du hast entschieden, wer im Recht, wer schuldig war, Du hast Strafen genannt und durchgeführt (manchmal sehr nachsichtig). Wir brauchten nie selbst gerecht zu sein.
Aber das wäre so unbedingt wichtig gewesen, und daß Du einen direkten Kontakt zwischen dem Vater und mir hättest zustande kommen lassen. Vielleicht hätten er und ich irgendwo eine Annäherung finden können, einen Punkt, wo eine Verständigung möglich gewesen wäre.
Es mußte Dir wichtig sein, daß der Vater und ich in dieser unversöhnlichen Haltung gegenüber standen. Was hast Du dem Vater und mir vorenthalten, welche Möglichkeiten hätte es für uns gegeben? Du hast dem Vater sein Kind und mir den Vater frühzeitig weggenommen.

Vielleicht darf ich nicht nur den Vater anklagen für seine Zurückgezogenheit von mir, für sein Entferntsein. Ein mutiger Gedanke, der mich milder stimmt für den Vater.
Doch damals, in meiner nie in Frage gestellten Angst vor ihm, habe ich nicht ihn, sondern Dich herausgefordert: Du warst ein leichterer Gegner für meine Unzufriedenheit. Du hast es nicht auf diese erniedrigende Angst bei mir angelegt, nur manchmal, wenn ich Dich bis auf die Knochen mit meinen Worten gedemütigt hatte, dann hast Du mich mal geschlagen. Das letzte bißchen Stolz sollte Dir nicht auch noch genommen werden. Aber es konnte doch Jeder sehen, wie hilflos und verzweifelt Du warst.
Der Gipfel unserer zermürbenden gegenseitigen Mißhandlung war eine Drohung, die *ich* gegen *Dich* aussprach: Ich würde zurückschlagen, wenn Du mich schlägst. Meine Notwehrmaßnahme für Dich ein Weltuntergang. Du warst so erschüttert, so fassungslos. Jahrelang hast Du mir meinen Satz wiederholt.
Das ist die Belohnung für vierzehn Jahre Beistand, daß ein Kind die Mutter schlägt.
Warum willst Du eine Belohnung? Bin ich ein Material, an dem Du arbeitest, um es später als das eigene ansehnliche Produkt mit Stolz zu betrachten? Besitzanzeigende Elternliebe! Erwachsen-, also eigenwerden ist verboten für Töchter und Söhne!
Dieser Satz war doch nicht mehr, aber auch nicht weniger, als ein Ausbruchversuch aus dem Be-handelt- und Reduziert-werden. Es war der erste Protest gegen unberechtigte Eingriffe, es war mein erstes spürbares Selbstwertgefühl: *Wer nimmt sich das Recht, mir zu drohen, mich zu bestrafen, zu schlagen!*
Ihr mit Eurer menschenunwürdigen Ansicht! Ausnahmslos

Jeder hat ein verdammtes Alleinrecht über sich, und nur über sich, er ist mit seinen Wünschen und Entscheidungen seine eigene Privatangelegenheit; ich erhebe einen Anspruch auf mich, ich will jetzt alle Rechte über mich haben, los, gib sie her, lange genug hast Du sie für mich verwaltet. Du mußt doch einfach einsehen, daß ich jetzt selber loslaufen und erfahren will.
Natürlich hast Du das nicht eingesehen, nicht einsehen können. Was soll eine Mutter denn auch fühlen, wenn man ihr plötzlich etwas für sie dermaßen Vertrautes, bedingungslos Geliebtes, Lebenswichtiges wegreißt, was sonst als Angst? Wie soll sie sich anders empfinden als plötzlich abgestellt, zurückgewiesen, nichtig? Was bleibt ihr anderes übrig, als um die gefährdete Notwendigkeit zu kämpfen, mit ihren Mitteln; sie will sie nicht aufgeben, selbstverständlich nicht. Man kann sie doch nicht einfach so von heute auf morgen, völlig unvorbereitet, von ihrem beinah Allerheiligsten wegstoßen, für das - mit dem - durch das sie vierzehn Jahre lang gelebt hat. Nach einer totalen Anwesenheit, nach dieser täglichen Einsatzbereitschaft, für jeden Bedarfsfall, kann man sie doch nicht da rausreißen, wo sie, ganz Mutter, hineingewachsen ist. Man kann ihr doch nicht plötzlich alles verweigern. Doch. Ich habe mich verweigert. Deinem Gefühlszugriff. Das war der Krieg.
Ich konnte nur wild um mich schlagen. Damals. Heute ist Waffenstillstand. Kein Frieden. Schweigen ...
Entfernungen.
Auch zwischen diesen Worten und Dir, ich weiß es jetzt.
Mutter, mein Schreibversuch ist hier zu Ende. Ich finde Dich nicht. Wo ich neue Worte für Dich bereithalten wollte, ist eine einzige Pause, und Trauer, der Rest Wiederholungen - leiser.

Was kann ich Dir noch sagen - heute - nichts. Was willst Du wissen. Über mein Leben weißt Du doch seit Jahren nichts. Wo ich mich Dir noch einmal verständlich machen wollte, ein letztes Mal, bleiben die Gedanken stehen; ich kämpfe nicht mehr, nicht für und nicht gegen Dich.
Und Du selber verrätst nichts.
Wo findet sich Eine, (Einer) der (dem) es gelänge, Deine Sprechbarriere sachte wegzuräumen? Ich bin es nicht. Du erlaubst es immer noch nicht, daß Andere Dir mal zuhören. Deine Gedanken sind Dir nichts wert, eine Beschäftigung mit ihnen nicht gewichtig genug, um sie einzulassen in Deinen strengen Stundenplan. Und wenn Du mal dienstuntreu würdest?! Pflichtvergessen!?
Du mußt sprechen lernen. Über Dich.
Manchmal hast Du Versuche gemacht, mir in kleinsten Ausschnitten von Dir zu erzählen.
Manchmal gibst Du heute etwas preis - Du hast aber zu lange gewartet. Ich kann nicht mehr hören, will nichts mehr wissen; *damals* habe ich gewartet. Deine Schwierigkeiten mit dem Jüngsten interessieren mich nicht, langweilen mich; weil sie ganz leicht zu vermeiden wären, finde ich, wenn Du ihn nur ein bißchen mehr loslassen würdest.
Ach, Deine kleinen Weltgeschehen sind doch belanglos, daß Du die so wichtig nehmen kannst!
Ich versteinere. Weil ich verlassen bin. Und davon willst Du nichts merken!
Für diese einzige Tortur gibt es keine Wiedergutmachungen und keine Schuldfrage, es gilt, ihr ein Ende zu setzen.
Mutter, weil auch die Liebe sterben muß. Es bleibt die Traurigkeit, Deine, meine, jede hat ihre für sich, ganz allein.

Deine Tochter

## JÜRGEN SERKE

Geboren am 19. 4. 1938 in Landsberg/Warthe. Lebt als freier Journalist in Großhansdorf bei Hamburg. Bis 1983 Reporter beim »Stern«. Wurde bekannt als Autor der »Verbrannten Dichter« (1977). Nach der Affäre um die von dem Nazi-Reliquien-Sammler Gerd Heidemann beschafften Hitler-Tagebücher, die sich nach ihrer mit großem Getöse erfolgten Veröffentlichung im »Stern« als gefälscht erwiesen, nahm Serke Abschied von der Redaktion, der er vierzehn Jahre lang angehört hatte.

*An Reinhard Mohn,*
*Gesellschafter von Gruner & Jahr* 9. 5. 1983

Sehr geehrter Herr Mohn,
ich sehe keinen anderen Weg, als mich an Sie zu wenden, nachdem die für mich zuständigen Herren für den »stern« die Glaubwürdigkeit des Blattes zerstört und ihre eigene verloren haben. Nach fast 14 Jahren Arbeit in und für den »stern« stelle ich mit Bitterkeit fest, daß das Blatt offenbar nicht in der Lage ist, in einem Akt radikaler Selbstreinigung den Ansatz für die schwer genug zu erringende Rückgewinnung der Glaubwürdigkeit zu schaffen.
Am Freitag vergangener Woche habe ich in der Redaktionsversammlung des »stern« nach jenen gefragt, die die Verantwortung für das Desaster mit den gefälschten Hitler-Tagebüchern tragen, und an welche Konsequenzen die Verantwortlichen - die Geheimnisträger in dieser Sache - denken. Der Vorstandsvorsitzende Gerd Schulte-Hillen antwortete, daß er und die Chefredaktion für das Geschehen gesamtverantwortlich haften. Der Herausgeber Henri Nannen erklärte, daß er wie die Chefredaktion des »stern« gehandelt hätte, wäre er noch in jener Funktion tätig gewesen.

Inzwischen haben die Chefredakteure Peter Koch und Felix Schmidt aus ihrer Leichtfertigkeit und ihrem Dilettantismus die Konsequenzen gezogen und sind zurückgetreten. Diese Rücktritte reichen nicht aus. Herr Schulte-Hillen ist unhaltbar in seiner bisherigen Position, weil er, wie er der Redaktion mitteilte – als einziger von Gerd Heidemann unterrichtet, alles plausibel fand. Wenn es dazu noch stimmt, daß die acht Millionen Mark Gerd Heidemann übergeben worden sind, ohne daß der »stern« wußte, wohin genau die Beträge gehen, dann wäre das eine Ungeheuerlichkeit.
Entsprechende Informationen wurden am Sonntag auf einer weiteren Redaktionsversammlung gegeben. In dieser Versammlung sprach Henri Nannen weiter bewundernd über Gerd Heidemann, wie dieser sich beispielsweise ein ganzes Service von Hermann Göring »zusammengebumst« habe und so weiter. Am Ende kam Nannen zu dem Schluß, daß Heidemann in seiner Art, Hitler-Dinge zu sammeln und zu recherchieren, angefangen habe, verrückt zu werden. Nein, so billig geht es nicht. Wer in der Sache der gefälschten Tagebücher verrückt geworden ist – wenn schon dieses Wort eingeführt wird –, ist jener Kreis, der in seiner Geilheit jegliche Distanz zu der braunen Jauche vermissen ließ und diese Geschichte noch dazu in einer skandalösen Aufbereitung ins Blatt brachte.
Ich schließe mich ganz eindeutig jener Erklärung an, die Heinrich Jaenecke am Sonntag vor der Redaktion abgegeben hat, wonach er es ablehne, »sich mit Kriminellen in ein Boot zu setzen«. Ich war wie die meisten der »stern«-Redakteure nicht informiert über die Vorbereitung der Serie. Ich will hinzufügen, daß mir eine Geheimhaltung notwendig erscheint. Aber was nicht geschehen darf, ist die Ausschaltung jener im »stern«, die nun wirklich zeitge-

schichtliche Erfahrung haben und von denen jene kritischen Fragen gestellt worden wären, durch deren Beantwortung uns eine nicht wieder gutzumachende Rufschädigung wahrscheinlich erspart geblieben wäre. Zu diesen Personen zähle ich Armin von Manikowsky, Heinrich Jaenecke, Günter Schwarberg und auch mich.

Dies ist nicht die Zeit taktischer Überlegungen, wie der »stern« mit dem Kopf aus der braunen Jauche herauskommt. Die braune Jauche muß raus aus der Redaktion. Und das ist nur dann möglich, wenn die Verantwortlichen nun tatsächlich gesamtverantwortlich handeln. Dazu gehört auch und in besonderer Weise jener Henri Nannen, der diesen »stern« geschaffen und ihm Ansehen gegeben hat. Herr Nannen hat noch in jenen Stunden, in denen die Katastrophe sichtbar wurde, einen Kommentar abgeliefert, der in unzumutbarer Weise den Ton fortsetzte, den Peter Koch eingeführt hatte. Auch Nannen spricht in dem Kommentar in der jüngsten Ausgabe, die dann eingestampft werden mußte, von »unsachlichen Verdächtigungen«, von »Besserwissern, Neidern, politischen Hassern«. Inzwischen hat Nannen gegenüber dem Fernsehen wendig das Wort von der Scham ins Spiel gebracht und nach dem eingestampften Kommentar einen neuen geschrieben. Gestern so und heute so. Dies genau ist die Dimension, die im »stern« nicht mehr akzeptabel sein darf.

Herrn Nannen ist darüber hinaus zu sagen, daß er seine personalpolitischen Vorstellungen bei der Berufung der Chefredakteure immer durchgesetzt hat. Erst entschied er sich für Manfred Bissinger und stürzte mit dem Sturz Bissingers die »stern«-Redaktion in ihre erste große Krise, von der sie sich bis heute nicht erholt hat. Dann fiel seine Wahl auf Felix Schmidt und Peter Koch. Eine Wahl unterhalb der

Kompetenz Bissingers. Eine katastrophale Wahl, wie wir jetzt wissen.

Es grenzt schon an Tragik, wie Henri Nannen inzwischen sein eigenes Lebenswerk fast zu Tode geritten hat. Dies ist die eine Seite. Die andere muß die Feststellung sein: Henri Nannen hat weder als Herausgeber noch als Chefredakteur im »stern« noch etwas verloren - und dies im Interesse seines früheren Ansehens und das des »stern«, das er entscheidend geprägt hat.

Natürlich ist es auch selbstverständlich, daß Gerd Heidemann und die »Zeitgeschichtler« Dr. Thomas Walde und Leo Pesch für den »stern« nicht mehr tragbar sind. Den Chefredakteur Rolf Gillhausen nehme ich ausdrücklich in dieser Frage aus.

Ich will jedenfalls nicht mehr in einer Redaktion mit Leuten zusammenarbeiten, die den Leser in übelster Weise betrogen, die Öffentlichkeit getäuscht und Hitler verharmlost haben. Ich werde den »stern« verlassen, wenn dieser Verlag sich als unfähig erweisen sollte, sich von den Verantwortlichen zu trennen. Ich kann mir auch nicht vorstellen, wie dieses Haus ohne vorherige Selbstreinigung neue Chefredakteure für den »stern« finden soll, es sei denn Hasardeure, denen jede Situation recht ist, auch die, daß der Vorstandsvorsitzende den eigentlichen Chefredakteur spielt, wie es bei den gefälschten Tagebüchern bei Herrn Schulte-Hillen der Fall war.

Mit freundlichen Grüßen Jürgen Serke

## ANONYMER JUGENDLICHER

*An seine Freundin* (achtziger Jahre in der Bundesrepublik)

Du verfluchte verteufelte Schlampe, du elendes Zerrbild,
du, die ich nicht mehr *du* nennen kann,
verrückt, grausam, besessen irre - *das* bist du! Etwas hat sich auf mich geworfen, das ich meinte, mit du anreden zu müssen - und das nichts anderes im Sinn hatte, als meine Seele zu fressen, auszutrinken, mir Säure und Hochmut ins Herz zu gießen, mir mit der Schere der Gefühle mein Antlitz wegzuschneiden, so daß nur eine plumpe Puppe zurückbleibt, ein Sack aus Nichts und Angst und Ungläubigkeit.
Ich habe gelernt, dich zu verachten.
Ich war immer ein leichtes Opfer für dich - weil ich dich geliebt habe. *Geliebt!* Ich habe dich in mir aufgenommen, dich ernst genommen, mich bereitwillig verloren und aufgegeben und aufgegeben, um so für dich dazusein, wie die Liebe es verlangt.
Lach nur. Lach du nur dein Lachen, ich kenne es gut genug, ich bin weit weg, du hast nichts zu befürchten, es erhöht vielleicht noch deinen Spaß, den du mit den nächsten Kerlen hast, mein Erbarmen gilt ihnen schon jetzt und all den Männern, die du in dein elendes Bett geschleppt hast, die dir neue Nahrung geben mußten, so wie ich es mußte. Lach nur weiter, auch dir wird es eines Tages in den Ohren gellen, und es wird dir entsetzlich aufgehen, welche menschlichen Trümmerfelder hinter dir liegen, und keiner wird mehr dasein, um dich zu lieben. *Keiner.*
Du lastest auf mir. Mehr als ein bloßer Schatten, mit deinem

ganzen Verrat und all den Demütigungen, die man heutzutage wohl nicht mehr so nennt, wo man doch angeblich so frei geworden ist. Ja, ich habe wach gelegen, trotz des Alkohols, und in meine Hände gebrüllt aus Wut über meine Geduld, meine Zutraulichkeit, meine Zurückhaltung, meine Selbsttäuschung. Meine humanen Tugenden. Du wolltest meine Liebe nie, du wolltest meine Dienstleistung, und ich konnte nie ohne dich sein. Du hast gewußt, wie ich dich vergöttert habe, und das war an sich kein Fehler, denn so versteh ich die Liebe, daß man sich nicht bloß nützt, sondern sich gegenseitig in den höchsten menschlichen Himmel hebt. Wo sonst sollten die Götter sein und das Ende des grenzenlosen Beschisses, der sich Leben nennt?!!
Wenn überhaupt, dann bist du die Göttin der Grausamkeit, des Betruges, die Qualitäten hast du allemal, ich hätte keine Hemmungen mehr, dich anzuschreien und wieder anzuschreien, was du wahrscheinlich auch noch genießen würdest. Ich verachte dich, weil du mich gezwungen hast, so was zu denken, zu sagen und zu schreiben. Weil du mich so weit runtergebracht hast, daß ich mich mehr verachte als jemals zuvor und nicht mehr weiß, wer ich bin. Du hast immer nur genommen. Gegeben nie! Ich merke es auch daran, daß ich jetzt nicht das geringste von dir hier habe, auf dem ich herumtrampeln könnte. Es würde mich erleichtern. Aber auch *das* hast du verhindert. Du bist schlau in deiner Rücksichtslosigkeit, ja, das bist du.
Ich werde nicht kommen. Es würde mir den letzten Rest geben, wenn ich noch einmal angekrochen käme, um deinem Irrsinn meinen Körper und meine Seele hinzuwerfen. Ich bin frei, dich zu verachten.

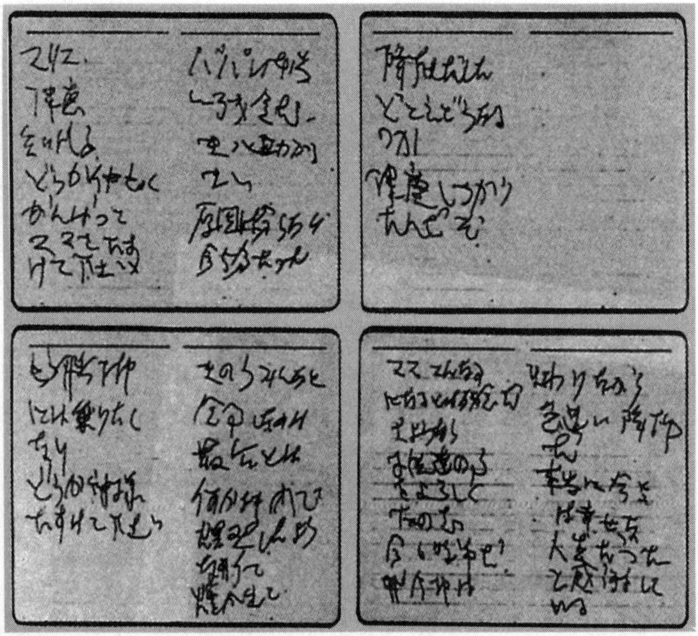
マリコ
津慶
知代子
どうか仲良く
がんばって
ママをたす
けて下さい
パパは本当に
残念だ
きっと助かるまい
原因は分らない
今5分たった
もう飛行機
には乗りたく
ない
どうか神様
たすけて下さい
きのうみんなと
食事したのは
最後とは
何か機内で
爆発したような
形で
煙が出て
降下しだした
どこえどうなるのか
津慶しっかり
たのんだぞ
ママ こんな事
になるとは残念だ
さようなら
子供達の事
をよろしく
たのむ
今6時半だ
飛行機は
まわりながら
急速に降下中だ
本当に今迄は
幸せな
人生だった
と感謝して
いる

## HIROTSUGU KAWAGUCHI

Geboren 1933 in Japan, gestorben am 12. 8. 1985 beim Absturz einer Maschine der Japan Air Lines auf dem Flug von Tokio nach Osaka. Direktor einer Handelsschiffahrtsgesellschaft. Nach einer Explosion im Rumpf des Flugzeugs konnte der Pilot die Maschine noch eine halbe Stunde in der Luft halten, bis sie am Berg Osutaka zerschellte. Mit Hirotsugu Kawaguchi zusammen starben fünfhundertundzwanzig Menschen. Vier überlebten. Den auf die Zettel eines Notizblocks geschriebenen Abschiedsbrief an seinen Sohn Tsuyoshi und seine Töchter Mariko und Chiyoko fand man in den Händen des Toten.

### *An seine Kinder* (12. 8. 1985)

Seid gut zueinander und arbeitet hart. Helft Eurer Mutter.
Ich bin sehr traurig, aber ich bin sicher, daß ich es nicht schaffen werde.
Es dauert jetzt schon fünf Minuten.
Ich werde nie wieder in ein Flugzeug steigen.
Lieber Gott, bitte hilf mir.
Wer hätte gedacht, daß unser Essen gestern abend das letzte war.
Da war Rauch, anscheinend von einer Explosion in der Maschine, und wir fingen an runterzugehen.
Tsuyoshi, ich zähle auf Dich.
Mutter - wer hätte gedacht, daß so etwas geschehen würde.
Es ist schrecklich.
Lebt wohl.
Es ist jetzt 6 Uhr 30.
Das Flugzeug schlingert, und wir fallen schnell.
Ich bin dankbar, für das wirklich glückliche Leben, das ich bis jetzt hatte.

# Quellenangaben

(In einigen Fällen waren die Übersetzer leider nicht mehr zu ermitteln.)

*Anonym*

Unbekannter preußischer Offizier - aus: »Der letzte Brief«, hrsg. von Friedrich Reck-Malleczewen, B.-Leipa 1941

Der Fahnenjunker K. - aus: »Der letzte Brief«, hrsg. von Friedrich Reck-Malleczewen, B.-Leipa 1941

Unbekannte Jüdin - aus: »Letzte Briefe zum Tode Verurteilter 1939–1945«, hrsg. von Piero Malvezzi und Giovanni Pirelli, Zürich 1955

Anonymer Jugendlicher an seine Freundin - aus: »Von Herzen mit Schmerzen? Liebesbriefe der Achtziger Jahre«, hrsg. von Michael Batz, Hamburg 1986

Borgen Böe an seine Familie - aus: »Letzte Briefe zum Tode Verurteilter 1939–1945«, hrsg. von Piero Malvezzi und Giovanni Pirelli, Zürich 1955

Lucrezia Borgia an Papst Leo X. - aus: »Der letzte Brief«, hrsg. von Friedrich Reck-Malleczewen, B.-Leipa 1941

Che Guevara an seine Kinder - aus: »Che Guevara in Selbstzeugnissen und Bilddokumenten«, dargestellt von Elmar May, Reinbek bei Hamburg 1973

Daniel Decourdemanche an seine Eltern - aus: »Letzte Briefe zum Tode Verurteilter 1939–1945«, hrsg. von Piero Malvezzi und Giovanni Pirelli, Zürich 1955

Charles Dickens an seinen Sohn - aus: »Fathers to sons«, ed. by Alan Valentine, Oklahoma 1963. Deutsch von Katja Behrens

Fjodor M. Dostojewski an seinen Bruder - aus: »Fjodor M. Dostojewski. Briefe«, hrsg. von Ralf Schröder. Deutsch von Waltraud und Wolfram Schroeder, Frankfurt/Main 1984

Lamoral Graf von Egmont an Philipp II. - aus: »Der letzte Brief«, hrsg. von Friedrich Reck-Malleczewen, B.-Leipa 1941
Robert Devereux, Graf von Essex, an Elisabeth I. - aus: »England schreibt«, hrsg. und Deutsch von Karl Lerbs, Hamburg 1937

Rudolf und Marie Fischer an ihre Kinder - aus: »Letzte Briefe zum Tode Verurteilter 1939–1945«, hrsg. von Piero Malvezzi und Giovanni Pirelli, Zürich 1955
Friedrich der Große an seine Schwester - aus: »Friedrich der Große. Briefe«, hrsg. von G. B. Volz, Berlin o. J.
Julius Fucik an seine Frau - aus: »Letzte Briefe zum Tode Verurteilter 1939–1945«, hrsg. von Piero Malvezzi und Giovanni Pirelli, Zürich 1955

Karoline von Günderrode an Friedrich Creuzer - aus: »Karoline von Günderrode. Der Schatten eines Traumes«, hrsg. von Christa Wolf, Berlin (DDR) 1979 und Darmstadt und Neuwied 1979

Peter Habernoll an seine Mutter - aus: »Du hast mich heimgesucht bei Nacht. Abschiedsbriefe und Aufzeichnungen des Widerstands 1933–1945«, hrsg. von Helmut Gollwitzer, Käthe Kuhn und Reinhold Schneider, München 1954
Nikolaus von Halem an Karl Ludwig Freiherrn von Guttenberg/an seine Mutter - aus: »Du hast mich heimgesucht bei Nacht. Abschiedsbriefe und Aufzeichnungen des Widerstands 1933–1945«, hrsg. von Helmut Gollwitzer, Käthe Kuhn und Reinhold Schneider, München 1954
Arthur George Heath an seine Mutter - aus: »England schreibt«, hrsg. und Deutsch von Karl Lerbs, Hamburg 1937
Andreas Hofer an seinen Freund Pühler - aus: »Der letzte Brief«, hrsg. von Friedrich Reck-Malleczewen, B.-Leipa 1941

Carl Gustav Jung an Sigmund Freud - aus: Sigmund Freud/C. G. Jung. »Briefwechsel«, hrsg. von William McGuire und Wolfgang Sauerländer, Frankfurt/Main 1974

Franz Kafka an Felice Bauer - aus: »Franz Kafka. Briefe an Felice«, hrsg. von Erich Heller und Jürgen Born, Frankfurt/Main 1967
Hirotsugu Kawaguchi an seine Kinder - aus: »International Herald Tribune« vom 19. August 1985. Aus dem Englischen von Katja Behrens

Heinrich von Kleist an Marie von Kleist/an Sophie Müller/an Ulrike von Kleist - aus: »Kleist. Geschichte meiner Seele. Briefe«, hrsg. von Helmut Sembdner, Frankfurt/Main 1977

Theodor Korselt an seine Eltern - aus: »Du hast mich heimgesucht bei Nacht. Abschiedsbriefe und Aufzeichnungen des Widerstands 1933-1945«, hrsg. von Helmut Gollwitzer, Käthe Kuhn und Reinhold Schneider, München 1954

Marie Kuderikova an ihre Eltern - aus: »Du hast mich heimgesucht bei Nacht. Abschiedsbriefe und Aufzeichnungen des Widerstands 1933-1945«, hrsg. von Helmut Gollwitzer, Käthe Kuhn und Reinhold Schneider, München 1954

D. H. Lawrence an J. M. Murry - aus: »D. H. Lawrence. Briefe«, Deutsch von Elisabeth Schnack, Zürich 1979

Harmen van der Leek an einen Freund - aus: »Du hast mich heimgesucht bei Nacht. Abschiedsbriefe und Aufzeichnungen des Widerstands 1933-1945«, hrsg. von Helmut Gollwitzer, Käthe Kuhn und Reinhold Schneider, München 1954

Heinrich Graf von Lehndorff-Steinort an seine Frau - aus: »Du hast mich heimgesucht bei Nacht. Abschiedsbriefe und Aufzeichnungen des Widerstands 1933-1945«, hrsg. von Helmut Gollwitzer, Käthe Kuhn und Reinhold Schneider, München 1954

Liselotte von der Pfalz an die Raugräfin Luise von Degenfeld - aus: »Liselotte (Herzogin Elisabeth Charlotte von Orléans). Briefe«, ausgewählt von E. Künzel, München o. J.

Maria Lux an Jean Paul - aus: »Der letzte Brief«, hrsg. von Friedrich Reck-Malleczewen, B.-Leipa 1941

Kim Malthe-Bruun an seine Mutter/an seine Freundin - aus: »Du hast mich heimgesucht bei Nacht. Abschiedsbriefe und Aufzeichnungen des Widerstands 1933-1945«, hrsg. von Helmut Gollwitzer, Käthe Kuhn und Reinhold Schneider, München 1954

Thomas Mann an Agnes E. Meyer - aus: »Thomas Mann. Briefe 1937-1947«, hrsg. von Erika Mann, Frankfurt/Main 1963

Maria Stuart an Elisabeth I. - aus: »Der letzte Brief«, hrsg. von Friedrich Reck-Malleczewen, B.-Leipa 1941 (der Brief wurde gekürzt)

Marie Antoinette an Madame Elisabeth - aus: »Der letzte Brief«, hrsg. von Friedrich Reck-Malleczewen, B.-Leipa 1941

Camille Mogenet an seinen Bruder - aus: »Letzte Briefe zum Tode Verurteilter 1939-1945«, hrsg. von Piero Malvezzi und Giovanni Pirelli, Zürich 1955

Helmuth James Graf von Moltke an seine Frau - aus: »Letzte Briefe zum Tode Verurteilter 1939–1945«, hrsg. von Piero Malvezzi und Giovanni Pirelli, Zürich 1955, und »Du hast mich heimgesucht bei Nacht. Abschiedsbriefe und Aufzeichnungen des Widerstands 1933–1945«, hrsg. von Helmut Gollwitzer, Käthe Kuhn und Reinhold Schneider, München 1954 (dort aus: »Letzte Briefe aus dem Gefängnis Tegel«, Berlin, 5. Aufl. 1954)

Cesare Pavese an Davide Lajolo - aus: »Cesare Pavese - Ein Leben im Spiegel der Briefe 1936–1950«, hrsg. von Lorenzo Mondo, Deutsch von Joachim Meinert, Berlin (DDR) 1986

Sir Walter Raleigh an seine Frau - aus: »England schreibt«, hrsg. und Deutsch von Karl Lerbs, Hamburg 1937

Adolf Reichwein an seine Frau - aus: »Du hast mich heimgesucht bei Nacht. Abschiedsbriefe und Aufzeichnungen des Widerstands 1933–1945«, hrsg. von Helmut Gollwitzer, Käthe Kuhn und Reinhold Schneider, München 1954

Nicola Sacco an seinen Sohn - aus: »Fathers to sons«, ed. by Alan Valentine, Oklahoma 1963. Deutsch von Katja Behrens

George Sand an Alfred de Musset - aus: George Sand, »Correspondence«, ed. Georges Lubin, Paris 1966. Deutsch von Gisela Schlientz

Rose Schlösinger an ihre Tochter - aus: »Du hast mich heimgesucht bei Nacht. Abschiedsbriefe und Aufzeichnungen des Widerstands 1933- 1945«, hrsg. von Helmut Gollwitzer, Käthe Kuhn und Reinhold Schneider, München 1954

Heike Schmidt an ihre Mutter - aus: »Liebe Mutter, liebe Tochter. Frauenbriefe von heute«, hrsg. von Monika Sperr, München 1981

Ulrich Wilhelm Graf Schwerin von Schwanenfeld an seine Frau - aus: »Du hast mich heimgesucht bei Nacht. Abschiedsbriefe und Aufzeichnungen des Widerstands 1933–1945«, hrsg. von Helmut Gollwitzer, Käthe Kuhn und Reinhold Schneider, München 1954

Robert Falcon Scott an die englische Öffentlichkeit - aus: »England schreibt«, hrsg. und Deutsch von Karl Lerbs, Hamburg 1937

Jürgen Serke an Reinhard Mohn - aus: »Frankfurter Rundschau« vom 14. Mai 1983

Heinz Strelow an seine Mutter - aus: »Du hast mich heimgesucht bei Nacht. Abschiedsbriefe und Aufzeichnungen des Widerstands 1933–1945«, hrsg. von Helmut Gollwitzer, Käthe Kuhn und Reinhold Schneider, München 1954

Wilhelm Thews an seine Eltern - aus: »Du hast mich heimgesucht bei Nacht. Abschiedsbriefe und Aufzeichnungen des Widerstands 1933-1945«, hrsg. von Helmut Gollwitzer, Käthe Kuhn und Reinhold Schneider, München 1954

Kurt Tucholsky an Mary Gerold-Tucholsky - aus: »Kurt Tucholsky. Unser ungelebtes Leben. Briefe an Mary«, hrsg. von Fritz J. Raddatz, Reinbek bei Hamburg 1982

Bartolomeo Vanzetti an Dante Sacco - aus: »The World's Great Letters«, ed. by M. Lincoln Schuster, New York 1940. Deutsch von Katja Behrens

Henriette Vogel an Ernst Friedrich von Peguilhen/an Louis Vogel - aus: »H. v. Kleists Lebensspuren«, hrsg. von Helmut Sembdner, Frankfurt/Main 1977

Oscar Wilde an Lord Alfred Douglas - aus: »Oscar Wilde. Briefe«, hrsg. von Rupert Hart-Davis, Deutsch von Hedda Soellner, Reinbek bei Hamburg 1966 (Auszug aus einem 110 Seiten langen Brief)

Virginia Woolf an Leonard Woolf - aus: »Virginia Woolf. Eine Biografie«, Quentin Bell, Deutsch von Arnold Fernberg, Frankfurt/Main 1977

Peter Graf Yorck von Wartenburg an seine Mutter (Auszug)/an seine Frau (Auszug) - aus: »Du hast mich heimgesucht bei Nacht. Abschiedsbriefe und Aufzeichnungen des Widerstands 1933-1945«, hrsg. von Helmut Gollwitzer, Käthe Kuhn und Reinhold Schneider, München 1954

# Bildnachweis

1. Bildseite: Maria Stuart und Elizabeth I. Aus: Antonia Fraser, »Maria, Königin der Schotten«, Düsseldorf 1971: claassen Verlag

2. Bildseite: Karoline von Günderrode: Archiv für Kunst und Geschichte, Berlin
Georg Friedrich Creuzer: Freies Deutsches Hochstift, Frankfurter Goethe-Museum, Frankfurt, Foto: Ursula Edelmann

3. Bildseite: Heinrich von Kleist und Ulrike von Kleist: Archiv für Kunst und Geschichte, Berlin

4. Bildseite: Fjodor M. Dostojewski: Archiv für Kunst und Geschichte, Berlin
Oscar Wilde und Lord Alfred Douglas. Aus: »Oscar Wilde. Briefe«, Reinbek bei Hamburg 1966: Rowohlt Verlag

5. Bildseite: Carl Gustav Jung und Sigmund Freud: Archiv für Kunst und Geschichte, Berlin

6. Bildseite: Franz Kafka und Felice Bauer: Archiv für Kunst und Geschichte, Berlin
Kurt Tucholsky und Mary Gerold-Tucholsky. Aus: Kurt Tucholsky, »Unser ungelebtes Leben. Briefe an Mary«. Herausgegeben von Fritz J. Raddatz, Reinbek bei Hamburg 1982: Rowohlt Verlag

7. Bildseite: Virginia Woolf. Foto: Gisela Freund, Archiv für Kunst und Geschichte, Berlin
Cesare Pavese: Archiv des claassen Verlags, Düsseldorf

8. Bildseite: Peter Graf Yorck von Wartenburg: Bildarchiv Preußischer Kulturbesitz, Berlin
James Graf von Moltke: Bildarchiv Preußischer Kulturbesitz, Berlin

# Inhaltsverzeichnis


| | |
|---|---|
| ... mußt es eben leiden | 5 |
| Lucrezia Borgia an Papst Leo X. | 18 |
| Lamoral Graf von Egmont an Philipp II. | 20 |
| Maria Stuart an Elisabeth I. | 21 |
| Robert Devereux, Graf von Essex, an Elisabeth I. | 23 |
| Sir Walter Raleigh an seine Frau | 25 |
| Liselotte von der Pfalz an die Raugräfin Luise von Degenfeld | 29 |
| Friedrich der Große an seine Schwester | 31 |
| Marie Antoinette an Madame Elisabeth | 32 |
| Karoline von Günderrode an Georg Friedrich Creuzer | 36 |
| Unbekannter preußischer Offizier | 38 |
| Andreas Hofer an seinen Freund Pühler | 40 |
| Heinrich von Kleist an Marie von Kleist | 42 |
| an Sophie Müller | 46 |
| an Marie von Kleist | 47 |
| an Ulrike von Kleist | 48 |
| Henriette Vogel an Louis Vogel | 49 |
| an Ernst Friedrich von Peguilhin | 51 |
| Maria Lux an Jean Paul | 55 |
| George Sand an Alfred de Musset | 57 |
| Fjodor M. Dostojewski an seinen Bruder | 62 |
| Charles Dickens an seinen Sohn | 70 |

Oscar Wilde an Lord Alfred Douglas 73
Robert Falcon Scott an die englische Öffentlichkeit 81
Carl Gustav Jung an Sigmund Freud 83
Sigmund Freud an Carl Gustav Jung 85
Carl Gustav Jung an Sigmund Freud 86
Der Fahnenjunker K. 88
Arthur George Heath an seine Mutter 90
Franz Kafka an Felice Bauer 94
Nicola Sacco an seinen Sohn 98
Bartolomeo Vanzetti an Dante Sacco 103
D. H. Lawrence an J. M. Murry 106
Kurt Tucholsky an Mary Gerold-Tucholsky 108
Virginia Woolf an Leonard Woolf 112
Camille Mogenet an seinen Bruder 114
Harmen van der Leek an einen Freund 119
Borgen Böe an seine Familie 122
Daniel Decourdemanche an seine Eltern 125
Rudolf und Marie Fischer an ihre Kinder 128
Wilhelm Thews an seine Eltern 131
Marie Kuderikova an ihre Eltern 133
Unbekannte Jüdin 136
Heinz Strelow an seine Mutter 140
Thomas Mann an Agnes E. Meyer 142
Rose Schlösinger an ihre Tochter 147
Theodor Korselt an seine Eltern und Geschwister 149
Julius Fucik an seine Frau 151
Peter Graf Yorck von Wartenburg an seine Mutter 157
an seine Frau 158
Heinrich Graf von Lehndorff-Steinort
an seine Frau 159
Ulrich-Wilhelm Graf Schwerin von Schwanenfeld
an seine Frau 168

Peter Habernoll an seine Mutter 170
Nikolaus von Halem an
Karl Ludwig Freiherrn von Guttenberg 176
an seine Mutter 180
Adolf Reichwein an seine Frau 181
Kim Malthe-Bruun an seine Mutter 184
an seine Freundin 190
an seine Mutter 193
Helmuth James Graf von Moltke an seine Frau 196
Cesare Pavese an Davide Lajolo 216
Che Guevara an seine Kinder 217
Heike Schmidt an ihre Mutter 218
Jürgen Serke an Reinhard Mohn 228
Anonymer Jugendlicher an seine Freundin 232
Hirotsugu Kawaguchi an seine Kinder 235

Quellenangaben 237
Bildnachweis 243